JN254511

鎌田東二×南 直哉

死と生

恐山至高対談

東京堂出版

死と生　恐山至高対談——目次

第1章 出会い —— 11

第2章 恐山 死と生の場所 —— 37

第3章

危機の時代と自己――79

第４章 生きる世界をつくるもの―― 135

第5章　リアルへのまなざし ―― 173

極楽浜から宇曾利湖を臨む

装丁　黒岩二三［Fomalhaut］
編集協力　佐藤壮広

本書は、二〇一六年一〇月二八日青森県むつ市の恐山菩提寺での対談と、二〇一七年二月二三日に上智大学グリーフケア研究所鎌田研究室にて行われた対談を基に構成しています。

第1章

出会い

禅と美学と哲学

鎌田　南さんは早稲田大学で美学を学ばれたのですね。
南　そうです。
鎌田　経歴を見て非常に興味を持ちました。それは、大学で学んだ美学、永平寺での禅、そして恐山という三つが、自身の中で実に不思議で興味深いトライアングルを成しているのではないかと思ったからです。
　なぜ美学を専攻したのですか。
南　たまたまです。
鎌田　たまたま受かったから？
南　ええ。ただ、ずっと引きずっているテーマが極めて特殊だったので、何を専攻してもピッタリはまるとは思いませんでしたし。
鎌田　その頃、大学の中でも美学科や美学専攻のあるところはそう多くはなかったかと思います。そうした中で早稲田の美学に入った。
南　空間の美学、空間処理の問題に取り組みました。
鎌田　それはとても面白いですね。禅の一面も空間処理。例えば、禅寺の庭園とか。また、恐山の賽の河原や宇曾利湖の極楽浜も空間処理ですからね。

南　いやあ、恥ずかしいですね。実は、幼少期から非常に抽象的な事ばかり考えていたものですから、ヘタに哲学とかやっちゃうと自分でもやばいと思ったんです。ずぶずぶと抽象的な事だけを考え続けることに対しては怖いわけです。そこで少し具体的にものを手掛かりにものを考えることをしておいた方が、自分でもおかしな事にはならないのではないかと思ったんです。

鎌田　なるほど。しかも、哲学そのものではなくて美学に関心を向けるところがまた面白い。美学って哲学ですよね。

南　ええ。そうです。

鎌田　美学は大きい枠組みで考えれば哲学ですが、その中でも美というある特定の要素に焦点を当てるので、哲学の中でも感性的表現や表象文化を扱う領域として捉えられています。一般に哲学は、哲学・倫理学・美学と分かれていますが、美という感覚・具体から善や真という、いわゆる真善美の探究に分け入っていくわけですよね、例えばプラトンのイデア論のように。

南　学科は美術史でしたが、研究テーマは美学でしたね。卒業論文は極めて観念的なものになってしまいました。

鎌田　どのようなテーマだったんですか。

南　絵画における空間処理の仕方を研究したんです。ものすごく観念的なんですよ。

具体的なものに触れてものを考えるようにするのが良さそうだはと思ったものの、取り組んでみるとやっぱり非常に抽象的なところに行ってしまうものですから、あんまり効果がなかったなあとは思いますね。

鎌田　いや、自分の座標軸を定める上では、それはひとつの大事な作業だったのではないですか。南さんのその後の生き方の原点を成しているように思います。

南　そうですね。実感のあるものを土台に考えないといけないというのは、ちっちゃい頃から思っていましたからね。それで大学に入ってからは、ルネサンスの遠近法からセザンヌの空間処理のようなことが一体なぜ起こるのかを考えたかったんです。

鎌田　なるほど。遠近法の発生とその転換というテーマですね。

雪舟とセザンヌ

南　空間処理、ものを見るパラダイムが、セザンヌはほかと違うと思いました。東洋の絵画の空間処理とセザンヌの空間処理は、よく似ています。中でも雪舟とよく似ていると思ったんです。セザンヌの絵画の根底には、それまでのものの見方や認証の仕方からの転換、つまりパラダイム転換があると思いました。遠近法のパラダイムは、ある一点からものを見渡すという極めて演繹的な数学的な処理です。デカルトみたいな。ところがセザンヌになると、もっと具体的な身体を通した対象との関わりの中で

セザンヌ　一八三九－一九〇六。フランスの後期印象派の画家。印象派とは異なり色や形の堅牢な造形性を探求した。二〇世紀絵画に大きな影響を与え近代絵画の父と呼ばれる。

雪舟　一四二〇－一五〇六頃。室町後期の禅僧。明に渡り水墨画を学び、独自の画風を確立。日本絵画史に大きな影響を与えた。「天橋立図」など。

デカルト　一五九六－一六五〇。近代哲学の父。すべてを疑う「方法的懐疑」から思索

空間を身体との関わりの中で捉える。身体との具体的な関係から、もう一回空間を再構成するようなところがあるんですよ。

印象派は空間を一度ばらしてしまうところがあります。ところがセザンヌのような空間の作り方は雪舟と同じで、面を重ねながら奥行きを作るみたいなところがあって、手前のもの、その次のもの、と手探りしていく。セザンヌの描き方も手で探るようにして描いています。つまり空間の奥行きの出し方が演繹的というより極めて具体的なんです。

鎌田　印象派が雪舟と似ているという観点そのものが、興味深いですね。私なんかは印象派にも関心がないしセザンヌについても後に知るようになった。ダヴィンチやルネサンスの美術も、好きじゃなかった。でも最近、ダヴィンチをすごいと思うようになり、「受胎告知」が東京国立博物館に来た時に、わざわざ見に行きました。

ダヴィンチの「受胎告知」の絵を見ると、中心に山が描かれています。画面左側に天使ガブリエルがいて、右側にマリアがいる。そして受胎告知される。両端が天使と人間。

南　はい。

鎌田　そして、ど真ん中に三層の山があります。遠景の山、中景の山、近景の山と三層になっていて、そばに湖か海がある。そのような構図をとるというのは一体どうい

を始め、「われ思う、故にわれ在り」という根本原理を説いた。精神と物質を峻別しその独立性を説き、物心二元論を展開した。

う意味があるのか。これはすごいな、神の三位一体を象徴しているのではないか、人間よりも山のほうに主体があるのではないかなと思ったんです。またその山が怖い感じの山で、恐山にも通じるものがあると思うんですよ。

南　なるほど。

鎌田　それでダヴィンチに興味を持って、いろいろ見ていくと、ほとんどすべて山が描かれているんです。モナリザの背景を成しているのも山で、これがすごく怖い山なんです。また、聖アンナ、聖母マリアの絵、岩窟のマリアなんかは最高に怖い。もう恐ろしいくらいの岩の中に、マリアとヨハネがいて、二人が対話している絵。子ども描かれ、マリアとヨハネのお母さんですかね、四人いて、この全体を包み込んでいるのは岩窟。なぜそんな怖い空間を描くのだろうかと。それで、十年ほど前からルネサンス期にも関心を持ち、一点透視図法が生まれてきたことにも興味を持って、ダヴィンチという人の怖さというか凄みみたいなものを非常に感じるようになりました。その後は、印象派にも目が移っていきました。

ところで、セザンヌは、鉄道を描くでしょ。私の友人に、秋丸知貴（ともき）というセザンヌ論を研究している若い美術史家がいます。彼は、『ポール・セザンヌと蒸気鉄道——近代技術による視覚の変容』（晃洋書房、二〇一四年）の中で、セザンヌがサン・ヴィクトルの山を鉄道という観点から見ていると述べています。サン・ヴィクトルの山は、実際に鉄道に乗って走って山を見た「鉄道体験」から描いた山だと彼は論証しています。

南　そうなんですね。なるほど。

鎌田　そのあたりから考えていくと、セザンヌの作品では山の感じが違いますね。遠近法がずれているというか、面を重ねているというか。あれは単なる遠近法じゃないですよね。山のほうがせり出してくるんですよね。

南　そうです、そうです。

鎌田　このせり出してくるような感覚は、雪舟と同じだとは思いませんでした。でも、浮世絵の世界、例えば葛飾北斎などには似ているなと感じたんです。雪舟の作品は何というか、けっこう奥行きがあるじゃないですか。

南　ありますね。

身体を通した世界

鎌田　雪舟とセザンヌとの接点とは、もう少し具体的に言うと、どんなところですか。

南　身体性、つまり対象との関係の仕方だと思いますね。遠近法は最初からある計算があって、自己と他者が別の主体で、こっちから一点透視で見るわけです。空間をまず自分で設定してしまうわけです。これは、きわめて数学的、演繹的な処理です。自意識とか自我を確定して、またこれら二つを独立したものとして考える。そして対象があって自己がいるという構図でないと、この遠近法は成立しません。これはそうしたイデオロギーとの関係で作られたのだろうと思うんですよ。ところがセザンヌや雪舟は、もともと主体と対象は独立しているのではなく、それらはある関係の中に置かれ、その関係の中で主体と対象が成り立っていると考えていると思うんです。

鎌田　きわめてアフォーダンス的でコンテンポラリーな感覚ですね。ポストモダン。

南　人間の場合には具体的な関係性を担保するのは身体ですから、身体的なかかわりの中から対象と自分を立ち上げていくのだろうと思います。つまり、あるものがコップであるのは、コップとしてそれを飲む人間がいるからコップなのだということです。

一方で、人間はそのコップで水を飲むという時にしか主体ではありえないということになれば、関係が存在に先立つということになると思うんです。それが、縁起という仏教の考え方の基本だと、私は思います。例えば赤ん坊はものをなでたり触ったり上ったりして、それらものと関わります。これは一点透視うんぬん以前の話です。

鎌田　お母さんとの触れ合いも、そうですね。

南　そうですね。寺に幼児が来ると、まず彼らはお堂を走り回るんですよね。

鎌田　確かにそうですね。

南　なぜそうなのか。彼らは、走り回ることで広さを感じるんです。われわれ大人は、

アフォーダンス　アメリカの心理学者ジェームズ・J・ギブソンが提唱した認知心理学における概念。affordは「〜を与える」という意味で、物体や場所といった環境が、動物や人間に対して知覚や行為をうながす契機を含んでいるとする考え。

見た瞬間に「広い」って言うでしょう？　でも彼らにはわからない。彼らは走り回ってはじめてわかるんですよ、身体的に。つまり、そうやって空間を認知していくわけです。永平寺にいた時期に寺で盲学校の人を受け入れたことがあるのですが、永平寺の大きさを感得してもらうために、例えば本堂の丸柱を触らせるわけです。そして、本来やってはいけないことですが仏像にまでもちょっと触ってもらったんです。

鎌田　触ってはいけないいんですか。

南　本来はそうですが、まあ私はいいなと思って私の権限で触らせました。またもう一つ、彼らはお坊さんを確かめるために、頭に触ろうとするんですよ。「触っていいですか」と言うので、まあ減るものじゃありませんから「いいよ」と。そうしたら三〇人くらいに触られまくりました（笑）。ただ私は、彼らの気持ちがよくわかったんです。つまり、対象を知るということは触ることと関係しているんだと。視覚を奪われている人は、対象がどういうものかを知るためには、やはりその対象に触るしかない。そうすると、空間を認識することも原初的には身体が関わっているんですよ。つまり、丸いものが丸いということは、それに触ってみない限り分からない。奥行きがあるということは、この前に次のものがあるというふうにやるしか、わからないわけです。マネやモネが認識の要素に分解してしまって奥行きを失い、分解してしまった対象の世界をもう一回構築するためには、手で触るようにして対象と空間を再構成しなきゃダメなんですよ。セザンヌがやったのはそれだと思ったんです。

鎌田　そこはやはり、セザンヌが画期を成すのですか。

南　私はそう思います。フッサールからハイデガーに、あるいはデカルトからフッサール、ハイデガーにいく、またニュートンからアインシュタインに変わるのと同じくらいの転回だと思います。

鎌田　まさに、コペルニクス的転回。

南　そうです。パラダイムがすごく違うと思うのです。雪舟などは遠近法なんて手法を持っていませんから。雪舟の絵には非常に奥行きがあります。あの奥行きの作り出し方、画面処理や空間処理の仕方は、自己と他者を分離した上で人間の認識に根拠を置いて空間を作り出すという西欧の方法とは、大きく違うと思います。

鎌田　そうしますと、南さんの関心の一番根底にあるものは、空間をどう処理するか、つまり遠近法とか主体と客体とか、そうした観念と身体との関係なのですね。一貫してそこに関心を寄せていらっしゃる。この空間処理という関心が南さんの人生を貫いている。おもしろい！

父のひと言

鎌田　大学卒業後は百貨店の西武に就職したとのことですが、どうして西武に？

フッサール　一八五九－一九三八。現代哲学の潮流の一つである現象学を創始したドイツの哲学者。

ハイデガー　一八八九－一九七六。世界内存在として人間をとらえる実存哲学を創始したドイツの哲学者。

コペルニクス的転回　カント（一七二四－一八〇四）が『純粋理性批判』の中で述べた認識論上の転換のこと。天動説に異を唱え地動説を主張したコペルニクスの天文学上の大転換にたとえ、発想や事象の新しい局面が開かれること。

南　これも全くたまたまですね。卒業したあと、どうしようかなと思っていました。就職しないと私立大学まで出してくれた父親や家族に面目が立たないから、どこでもいいから会社に一回は入っておかなくてはと思い、入社試験を受けたんです。本店の美術部にいました。バブル景気に沸き、とにかく派手な時代でしたよ。一九八四年に入り二年間いました。就職したときには、父親は「信用してなかった」と言っていましたね。サラリーマンをやるタイプではないと思っていたようです。

鎌田　親がいちばんわかっていますからね。

南　それで、出家した後ずいぶん経った頃に母から聞いたのですが、父は出家に賛成はできなかったが、放っておくと一番向いているものを見つけてくるだろうと思っていたとのことです。

鎌田　見ぬかれてますねえ。

南　うちの親父は、なんというか、本音主義の人でした。小学校の教師だったんですが、非常にリアリスティックな人でした。その親父が私に対して、「浮いたこと言うな」と言うんです。反対に、じいさんは建前的で観念的で、厳格なところがありました。彼も軍国主義時代の校長でして。

鎌田　それで南さんにお父さんは、「観念的なことを言うんじゃない」と。

南　そう。親父は、じいさんを浮いたことばっかり言っていた人と思っていたのでしょう。でも「浮いたことばかり言うな」と言われた私は分裂するんですよね。つまり、その「浮いたこと」の意味というのは分からないでもなかったですが、「浮いたこと」が「浮いたこと」になるのはなぜか、あるいは「浮いたこと」が「浮いたこと」に見えないのはなぜか、といったことを考え始めたんです。

鎌田　子供の頃から?

南　はい。要するに「自分って、なんで自分だろう」とか「死ぬってどういうことかなあ」と考えた時に、大人はそれを観念操作で話してくるわけですよ。ところが私にしてみると、今知りたいのは「死ねばどうなるか」ではなくて「死ぬとはどういうことか」ということなんですね。それを物語ろうとすると、「そんなことはなんでわかるのか」となるでしょう?　こんな問いを浮いた話にしないために、何かいろいろと考えるんですが、それが果たして親父に通じるのかと思うわけです。観念的な、浮いたことを言わないってことにして、親父にこの話をしたら通じるのかと。

私、トラウマがあるんですよ。小学四、五年生の頃に科学雑誌を読んでいたら「地球は宇宙の塵が集まってできた」みたいな太陽系誕生の物語があったわけですが、それを自慢げに親父に「地球って宇宙の塵が集まって、それが固まってできたんだよ」と言ったら、烈火のごとく怒りだしたんです。「何を馬鹿な事を言っているんだ」と。「宇宙が存在する理由には宗教的な理由も哲学的な理由もあるんだ」と言うんです。

それで私は「親父、何言ってんのかなあ」と思って。

鎌田　なるほど、宗教的、哲学的理由ですか。

南　私が哲学という言葉を聞いたのはその時が初めてですから、その時に字引きで調べて「哲学」という言葉の意味が分かったんです。父親の言っている「浮いた話」というのは、聞いた話だけで簡単に物事に結論を出しちゃいかん、という話かなと思ったんです。

鎌田　一つだけの見方じゃない、と。

南　そう。いろんなものの考え方があるんだということを、実感というか、説得力のある話で持ち出さないと誰も聞かない。親父は、とにかく変わった人でした。

鎌田　話を鵜呑みにして、右から左にじゃだめだ、と。

南　そうかと思えば、こんな話もあります。小学校の頃、夏休みの絵日記が溜まってしまって四苦八苦して書いている私を見て、親父が「ばかだなあ、お前は。どうでもいいんだ、そんなもんでっち上げで」と言う。驚いている私に「良いんだよ。先生だって面白い方がいいんだ」と言うんです。そこで、でっち上げでいっぱい書いたら、あるとき、母親が学校の個人面談で「南君の絵日記は大変面白いですけど、本当の事ですか」と言われたとのことでした。

鎌田　一体、どういうことを書いたんですか？

南　一日にあった一番面白そうなことを適当にでっち上げて書いたんです。だって、一日に二〇日分書くと言ったら、それしか方法がないでしょう？　その時、「ものを言ったり書いたりするのはどういうことなのか」ということを強く意識しましたね。その頃から、「この人間というものは、一体、何を意図して、何を言いたくてこういう表現をするんだろう」と常に考えていました。

鎌田　それは小学校四年くらいの時から？　方便力、ありますねえ〜。

南　そうですね。その頃からずっとです。

世代と「問い」のありか

鎌田　お父さんに、一つの観点だけで物事を考えてはいけないと教わったわけですね。

南　はい。親父が時々繰り出すひと言には、一理あるなと思うことが多かったんですよ。ですから、雑誌ひとつ読んで「宇宙の始まりは塵」だなんて言うのは、考えてみれば浅はかだなって思ったんですよね。哲学なんてその頃初めて聞いたわけだし、こんな学問があるのかと驚き、発見でしたね。

鎌田　問いそのものが、非常に哲学的ですよね。

南　そうなんですよね。後から分かったのですが、当時の長野県はなぜか道元ファンが大勢いて教員の中に輪読会があったんです。だから親父も道元という名前を知っていたんですよ。『随聞記』を読むサークルがあり、自分も入っていたそうです。教育県長野の影響というか、やはり父はその時代の人なんでしょうね。今は違いますけど、父の世代は「長野教育」「信濃教育」と言われ、充実していたようです。

鎌田　南さんも信濃教育の人ですよね？

南　もう私の頃はたいしたことないと思います。ですが父親は大正一三年生まれで、戦後すぐに教員になっていますから、戦時教育から戦後の民主的な教育への転換を経たわけです。だから、「浮いた話をするな」というのは父の姿勢としてずっとありましたね。

鎌田　その年代の人たちは、戦後の社会転換を非常に強く体験した人たちですよね。戦争体験というものが、大きなものの見方を変えたわけじゃないですか。おじいさんは軍国主義で、しかしお父さんは本当に軍国主義を目の当たりにして、転換期を生きた。

南　われわれの父親世代は気の毒なんですよね。精神的な背骨が折れているんですよ。ちょうど一〇代の多感な時期を軍国少年として過ごし、終戦と同時にそれが全部うそだっていう話なんですから。そうすると、折れているんですよね、精神的な背骨が。もちろん幼少期から叩き込まれているので残ってはいるのですが、でもそれが戦後、「違うんだ」となった。感覚的には軍国主義だけれど観念的には民主主義のように

『随聞記』　正式名称は『正法眼蔵随聞記』。曹洞宗開祖道元の法話を弟子の懐奘（えじょう）が分かりやすくまとめた語録集。

なって、自分の中で整合性が保てない。それで親として、子供の教育では、「好きなようにしろ」「君たち、自分が思った通りにしろ」と言った最初の世代です。どういうことかというと、自信がないんですよね、全く。

鎌田　確かに、芯がないですからね。

南　自分の子供たちに向かって「君たちの好きにしろ」と言った最初の世代ですが、自由の概念を理解し、その方針に確信があるわけではない。ただ、自信喪失の結果として出た言葉だと思うんです。

その後の世代がわれわれです。いわゆる団塊の世代は親父が軍国思想のまんま大きくなった人ですから、対立軸がはっきりしているわけです。対抗する軸が、戦う相手がいる。だからあんなに威勢がいい。ところが、それより下のわれわれになると、戦う相手を失い始めた世代なんですよ。

鎌田　振り上げた拳がどこへ行くか見定められない。

南　たしか「しらけ世代」と言われていた最初の世代だと思います。

鎌田　南さんは上田紀行さんと同年の生まれですよね。

南　そうです。一九五八年、昭和三三年です。だから、イデオロギッシュになりきれないんです。対抗するんだったらイデオロギーで対抗できるんですが、私たちの世代あたりから、イデオロギッシュになりきれなくて、イデオロギーというものに懐疑的

上田紀行　一九五八－。文化人類学者。スリランカの儀礼から現代の宗教、癒し、社会変革に至るまで幅広く研究している。著書に『生きる意味』（岩波書店）、『がんばれ仏教！』（NHKブックス）等。

であるし、あるいはそれを使いこなそうとする世代です。さらに下になると、イデオロギーが機能しないんですよ、もう。

言葉と身体——禅の道へ

鎌田　空間という観点から見ると、セザンヌの作品のような美の世界と、永平寺という空間と、今おられる恐山という空間、それぞれ、そこを貫いている共通するもの、あるいは何か違う点など、どのようにお考えですか。

南　あまり意識した事はないですね。ただ、私は常に同じこと、つまり物事の存在には根拠がないということを考えてきたんです。物事が「こういうものである」とか、自己と対象があって、そこにそうしてある・いるという根拠は、そのもの・ことには内在しない。そうしたことをずっと考えてきました。

鎌田　ということは、最初から非常に演繹的に物事を考えていたと。

南　永平寺という場所も、具体的に出家するのにそこしか知らないから行ったわけです。『正法眼蔵（しょうぼうげんぞう）』を読んで衝撃を受け、これをある程度ものにするのは書物だけではだめだということが、ある段階で分かったんです。

鎌田　そこで、身体の行（ぎょう）へと。

南　そうです。つまり、頭だけでいくらやっても、どうも限界があるというのは大学

『正法眼蔵』　鎌倉時代に曹洞宗を開いた道元（一二〇〇－一二五三）が、禅の本質と実践についてまとめた思想書。

時代にうすうすわかりましたから、いつか出家しようと思ったんです。

鎌田　大学二、三年頃には、そういう気持ちを持っていた？

南　その頃は、はっきりとはわからなかったです。でも、これはどこか無理だなと。『正法眼蔵』を理解するには、哲学で勝負しても無理だと思ったんです。論理の構成が違うから、これはどこかで一度きちんと取り組んでみないと無理だとは思っていました。だから生涯に一回は出家する事はあるかなと思っていました。あんなに早くやるつもりはなかったのですが、メインテーマを外しながら仕事しているわけですから、だんだん苦しくなってくるわけですよ……。

鎌田　西武のバリバリの最前線ですからね。

南　そうです。もっと言えば百貨店ですから、物を売って金にしないと話にならないんです。ところが私の関心のありかは、そことは根本的に違うわけですから。西武の仕事が嫌だったわけではなく、自分の中で分裂が深くなるわけです。それで、一年経った頃にはもう疲弊してしまい、それで坐禅に通いだしました。

　そこであるベテランの参禅者が、「君、何で来るの？」と言うので事情を少し話したら、「君はサラリーマンを真面目にやっていたら、そこそこいい所まで行くかもしれないし、坐禅もこのままやっていったら、そこそこ深くなるかもしれない。でも、君の場合どっちかにした方がいいね」といきなり言うんです。「じゃあ、私はどっちになった方がいいと思いますか」と訊いたら「責任は取らないけど、君は坊さんになった方がいいと思う」と言われました。まったくの他人から。人からそんなふうに思われるってことは、いよいよダメだなと思ったんですよね（笑）。これがきっかけだったんですよ。

それで、このまま両方を続けていったらノイローゼになり、下手すると自分で自分を何かするような事になるんじゃないかと思って、もう、いちかばちかだと思い、気になって仕方がない事をやってみようという気になりました。

鎌田　それで永平寺まで飛んだんですね。

南　はい。親父や師匠からはびっくりされながらも仏道に入りました。そこで今度は問答無用みたいなことを繰り返しやっていたわけです。永平寺では三年間はただひたすら寺のお勤めをするという感じでした。その後ようやく本が読めるようになり、そこで仕切り直して自分の抱いていた問題に取り組んでいきました。

そうしてやっていって、「禅の問題というのは言葉と経験の間だ」ということを思いました。

鎌田　言葉と身体？

南　はい。あるいは言葉と経験、もしくは言語と言語化されるものの間を問題にするのが禅なのだと途中で気がつきました。道元禅師は、言語と経験の間あるいは言語と身体の間を狙ってものを書いているのだと思いました。

ただそうすると、今度はメインテーマの「死」をどう考えるのか、ということに至りまして。

鎌田 ずっと死がメインテーマだったんですか。

南 はい。自分がどうして自分なんだということと、死ぬとはどういうことか、ということを、三歳くらいからずっと考えています。ほとんど精神的な成長がないんですよ(笑)。

鎌田 今も同じことを探究されている?

南 ずっと同じです。ところが、何か考えてそれを言う時には、言った途端にそれは当たらない。だからつい、何か手を考えなければいけなくなるんです。

鎌田 経験と言語のずれがある、と。

南 そう。だから今度は「ずれる」とはどういうことかを考える。そんなことを繰り返すわけです。いい加減嫌になるんですけど、他にやることがないんですよね(笑)。死なんて、生きている以上は絶対わからないのに、生きているという実感というか、「生きる」という言葉自体に意味を与えているのが死だろうなと考えるわけです。

禅には「脚下照顧(きゃっかしょうこ)」という言葉があり、「自分の足元をよくよく見よ」という意味ですが、その脚下のようなものが死だろうなと思うわけです。普通の人間は、生の時間が続いて、そしてそれが終わって死の時間が続くと考える。しかし禅では、生と死は並行して流れると考えるわけです。

こんな風なことを言語化して人に言ってみると「へぇ」とか言うので、通じる時もあるのだなと思うんです。だけど、満足できないんですよね。だからまた、別の事を考える。自分についても、自己の根拠はなく、他者から何かが課せられて自己が始まるんだということを言っても、やはり何か残るわけです。割り算で割り切れないものが残るみたいに。そしてまた次の機会も同じことを考える。その繰り返しです。

永平寺から恐山へ

南　そんなことを永平寺に入ってから、二〇年近くもやっていました。すると、「もうお前ここにいるなよ」という感じになってくるんですね。

鎌田　そうなんですか?

南　ええ。建前としては、曹洞宗の僧堂(修行道場)は終身制なんですが、実際のところ、そうはなっていません。そこが曹洞宗の最大の問題です。つまり寺の中で老いていくことを想定していない。

鎌田　修道院のようなところではないと?

南　はい。全然違います。もちろん制度的には居たいだけいられるのですが、実際には違う。寺は僧侶教育の現場のひとつになっていて、一生を終えられる場にはなっていないんです。

鎌田　じゃあ、根本的にはサンガじゃないということですね。

南　そうです。あくまでも教育機関です。だからどこかにサンガのような所があればいいなと思います。そういう場所を制度として作らないといけない。現状では、ある人間が志でそのようなグループを作っても、その中心人物が死んでしまうとグループが解散、またはおかしくなってしまう。そうした場づくりを個人の意志に頼るのではなく、システムとして組み立てないとダメです。例えば、ある偉い坊さんが自分の寺にサンガを設けた後に亡くなる。そしてそこに次の住職が入ってきたら、「あんたたちは知らないよ」となるわけです。だから機関として、修道院のようなシステムとして、そうした場を作らなければいけないんです。でも、そうした機関は、日本の伝統教団の中には恐らく一つもないはずです。

鎌田　そうですね．本山、寺院はみんな通過地点ですよね。

南　私はそう思います。

鎌田　タイの仏教やほかのところと日本の仏教が違う点は、そういうところでしょうね。

南　そこなんです。そこが最大の弱点です。だから、そういうシステムを作れないか

サンガ　出家修行者により構成される集団。

と思い、自分の住職寺院ではない別の寺で、一度サンガを始めたんです。でもやはり、他人の庭でそういうのをやってはいけないないなと思いました。

鎌田　そういうことなんですね。

南　今でも、なんとかできないかと思っていますよ。

鎌田　日本天台の宗祖である最澄は修道場として延暦寺の前身の「一乗止観院」を作ったわけですから、一種の修道院を造るという意識が彼にはあったと思います。

南　道元禅師は、道場を離れずに仏道を歩み続けることを「不離叢林（ふりそうりん）」と言っています。生涯が修行だというわけですから、本来は寺で死ねないとまずい。死ねる修行道場じゃないとダメなんです。しかしトップの禅師以外、永平寺では死ねないです。住職以外はそこでは死ねない。

鎌田　禅師も途中からきて途中から参加でしょ。

南　ええ。少なくとも入門以来ずっと居続けでトップになるのではありません。「終身誓願」を求められるような修道院と現在の永平寺とは、質的に違います。入って二、三年でそれが分かったので、あらゆる画策をして二〇年間くらいまで延ばして永平寺に居続けました。

鎌田　でも逆に言うと、二〇年間もいたというのはすごい事ですね。

南　まあ、当時そういうタイプの人間はいなかったので。

鎌田　だいたい二、三年、長くて四、五年で去っていくわけですよね。

南　そうです。それがほとんどでした。

鎌田　そして、それから普通の住職になる。とすれば、普通の住職にならない人はたいへん怖い存在ですね。変わり者ですから。目の上のたんこぶですね。

南　それはそのとおりです。アウトサイダーでも長くいると、他の誰よりも永平寺の事をよく知っているということになります。後から上に入ってくる人間は、とてもやりづらいですよ。

鎌田　非常にやりづらいでしょうね。

南　ああいうところは垂直の関係を重視し、完璧な年功序列ですから、長くいるとそれだけ影響力が大きくなっていきます。ですから、あるところまで行くと「もういいんじゃないの」という話になる。もうその頃は、外からも「もうあいつは長すぎる」という声も聞かれるようになった。

鎌田　でも、永平寺以外に行きたい場所はなかったでしょう?

南　なかったです。

鎌田　そうすると、困りますよね。行きたい所がないのに、ここにいたいのに、いてはいけないんでしょう?

南　そこにいられないとなると、次を考えるわけです。一つは、自分の寺に帰って檀家で仕切り直しをし、お金がなくても修行僧と共同生活できる手段みたいなものを考えようかと思ったことがありました。そうしたら、東京にある同じ曹洞宗の青松寺が今度そういうものをやるというので渡りに船だと思い、始めたんです。「場所を提供するからやらないか」と言われ、よしと思ったんですよ。前に述べた「サンガ」がそれです。[*]

鎌田　それが二〇〇二年でしたね。

南　そうです。それから二年半ほど、そうした活動をやりました。正式に恐山の院代に就任したのは二〇〇五年です。

鎌田　そもそも、恐山に来るきっかけは何だったのですか。

南　たまたまです。たまたま妻が恐山の娘だからです。

鎌田　奥さんとの出会いがなかったら、南さんは恐山とは結びつかなかったんですね。運命的と言いますか……。

南　私は福井で住職もやっていましたし、来るつもりはなかったんですが、妻は、いずれこうなると思っていたようです。

鎌田　奥様はすごい鑑識眼ですね。大したものです。南さんもすごいけど、奥さんもすごい！

南　いやまったく、その通りです。私だって、恐山が曹洞宗の寺院だとは知りません

＊三二―三三頁参照。

でしたから。若い修行僧の時は宗派の修行道場とイタコの霊場が同じ所だなんてまったく思いもしませんよ。行ってびっくり、来てびっくりですよ。

鎌田　そうですよね。本当にびっくりですよね。対極ですからね。

第2章

恐山　死と生の場所

死者という「リアル」

南　はっきり言えば、修行僧時代の私は、例えばお寺がやっている、いわゆる仏さまの供養などは一種のサービスだと思っていました。私は恐山に来る前も、ずっと「死」は見ていましたが、「死者」というのは、全くまともに考えた事がありませんでした。ですから、恐山に来て今のようにこの場所と死者についていろいろお話しすることになるなんて思いもしませんでした。こういうことには、関心も何もなかったですね。

鎌田　ここには死者がわんさかいますからね。

南　そうです。来てみて驚いたのは、ここには「リアルな死者」がいるということです。

鎌田　確かに。

南　それまで私は死者のようなものについては、適当に考えていたんです。もっと言えば、そんなことは「どうでもいい」と思っていた。

しかし「死者」というのは、霊魂や幽霊などとはまるで違う。霊魂や幽霊などに関しては「無記」ということで処理すればよかったのですが、死者の実在というか死者の存在というのは「無記」では処理できないんです。実在するんですから。そうする

無記　仏教用語。形而上学的な問いに是とも非とも答えなかったと言われる釈迦の態度を踏襲したもの。

と、この「死者が実在する」ということをどうやって説明するか、その「死者とは何か」ということを考えるわけです。恐山にやってきて、初めて考えたんです。
「死者」は、死体とも遺体とも死とも違う。死者というのは死体ではない、遺体ではない、死ではない。しかし、死に関わる何らかの存在が死者だとすれば、死者は具体的に一体どういうふうに存在するのか、ということを、ずっと考えていますね。

鎌田　ここにきて一〇年になりますが、その結論はどういうものですか。

南　死者は、やっぱりリアルなものですね。生きている生身の人間が存在するその存在の仕方とは違うけれども、消えてなくなったものではなくて明らかに実在すると思いました。私の中で「リアル」の定義はひとつだけです。つまり、思い通りになるものがヴァーチャルで、思い通りにならないものがリアルだと思っています。スイッチが切れるものがヴァーチャルで、切りたくても切れないものがリアルだと。
そうすると例えば、夢の中であったとしても、夢が覚めないうちに暴漢に追っかけられるんだったら、これは極めてリアルな話です。自分の中でスイッチを切れないですからね。あるいは夢と現実との区別を何で付けるのかと言ったら、夢は覚めるものだということです。そして、覚めるというのは自分の意志とは関係ない。しかし、覚めなければ夢は現実だと思うんですよね。同じように、場合によっては、死者は生きている人間よりはるかにリアルです。「いなくなれ」と言って、相手が都合良くいなくなるのであれば、生きている人間であっても、それはヴァーチャルです。ところが死者は……ある人間にとっては忘れたくても無視したくても、出てくる。

鎌田　引きずられますよね。

南　そう。死者は、ある人間の考え方と行動を変えてしまう。その人間の意図とは別に、その人間の意志と考え方を変えてしまうものこそが、リアルなんです。例えば、恐山には九〇過ぎのおばあさんが車いすに乗ってやってくるわけです。なぜか。それは水子の供養に来るんです。

鎌田　九〇歳のおばあさんが？

南　自分の水子ですよ⁈　最初は、その車椅子を引いていた人の水子かと……。その九〇歳の人が恐山までやってくるのは、子どもが死んでいるから来るのであって、生きていたら来ないわけです。例えば娘が生きていて、その娘のために九〇過ぎのおばあさんが命の危険を冒してまで、恐山まで来るわけがない。何か祈願したいならば、その娘が来ればいいんですから。しかし娘は亡くなって、水子になっている。その水子の存在が彼女をここまで連れてくるんです。そうすると、これは極めてリアルだとしか言いようがない。

鎌田　そうですね。実存を引きずって来ますからね。

南　こんな話もあります。以前、不気味なものが本堂に置いてあるから来てくださいと言われ、何かと思って行ってみたら等身大くらいの人形があったんです。おっかなかったですよ（笑）。その人形には学生服が着せてあって髪の毛は毛糸かなにかで。恐らく本当は白かったであろう顔の布が、もう茶色くなって、手には白い手袋がはめてあり、靴下も履かせてある。

鎌田　女の子？

南　男子学生です。寺の者に聞いたら、あるおばさんが持ってきたと言うんです。その女性は人形と三〇年間も暮らしてきたという人で、お子さんを中学の時に事故で亡くしてしまい、その代わりに作った人形と三〇年以上一緒に暮らしてきた。でも自分が末期がんになってしまい、もうそのまま人形と一緒にいるわけにはいかないし、いつまでも人形と暮らしていたら子どもも成仏できないなどと周りから言われたと。そして、どうしようかと思い人形を恐山に納めたくて関東からやってきたとのことでした。

ご本人は、もうかなりの歳の人でしたし、そんな人がわざわざ関東から人形を持ってくる。死者がそんなことをさせるんですよ。これは誰がどう見たって「リアル」です。そうすると、リアルな「死者」というのはどういう構造なのかと考えざるをえない。こうしたことをどうにか言い当てようとして、「亡くなった人は心の中にいる」という言い方がよくされるのですが、でも、それじゃあ「わかってないいな」と思うわけです。

鎌田　心の中だけだったら、実在ではないですよね。

南　そうなんです。心の中だったら、心の思った通りになるんですよ。でも例えば、八〇過ぎのおばあさんが、リュックサックを背負って来るわけです。そのリュックには、パイナップルやスイカも入っていました。

鎌田　とても生々しいですね。即物的。

南　そうです。その様子を見ていたら「じいちゃん、今年も来たよ」と言いながら、お地蔵さんの前におじいさんの好きなタバコなどを置いていくんです。「じいちゃん、じいちゃん」って言いながら。これが心の中の話だったならば、お墓や家でやればいいんですよ。それをわざわざ、おばあさんが自分の背中と同じくらいのリュックサックを背負って、杖をついて、なぜここまで来るんだという話ですよ。「いる」からです。「いる」から来るんです。

鎌田　死者に会いに、死者と語り合いにやってくる。即物的にも即仏的にも。

南　来るんですよ。こうした状況では、その人にとっての実在は間違いなく実在です。するとこれは、心の中の問題とは全然違うんです。

鎌田　それは、その人にとってですね。

南　そうです。だから、死者というのは遺体や死体とは違うんです。死者というのは、絶対に誰かにとって「しか」存在しません。「誰かにとっての大切な人」という形でしか存在しない。一方、死体は数です。そして遺体は人格です。死体と遺体は、そこに人格があるかないかで区別できますが、死体と遺体が失われてから始まるのが死者なんですよ。

私に言わせれば、死体と遺体が失われたときに死者を立ち上げるやり方の一つが、葬儀です。つまり、「この人は死んだ」ということを確定させることが、葬儀の最も重要な意味です。そしてそれから、そこに立ち上がるなにがしかの存在と、ある関係をもう一回作り直さなければいけないわけですよ。そのなにがしかの存在が「死者」で、その死者との関係を作り出す事を弔いと言うんです。だから、弔いは長い時間がかかります。儀礼だけでは済まず、とても長くかかる。

受け入れてくれる場所

南　参拝者の方々やほかの皆さんからも、「なんでお墓があるのに、恐山に来たくなるんでしょうねえ」と言われることがあります。いわゆる仏事というのは、誰に対してもやり方が全て決まっていて、例えば曹洞宗だったら、お墓参りや法事や葬式はどの人に対しても同じやり方でやるわけです。それで死者との関係の決着がつけば、それはそれでいい。「お葬式をやってもらって、やっとホッとしました」と言ってくれる人は、それで収まれば、それはそれでいい。

しかし問題はですね、儀礼が全部同じであっても死者に対する関係というのは人それぞれだ、ということなのです。

鎌田 それぞれに違いますね。

南 例えば、お父さんを亡くした同じ兄弟でも、お父さんとの関係には濃淡があるわけです。すると、公式儀礼の中に個人的な感情の全てはとても入り切らないわけですよ。

鎌田 そうですね。入り切らないですね。はみだしてしまう。

南 その、こぼれるものがあるでしょう？　霊場の機能は、そうしたものを掬い上げる受け皿になれるかどうかなんです。そこで、受け皿としてはその中に何か変なイデオロギーや形式か何か、余計なものが入っていたらダメなんです。受け皿としてからっぽ、空虚になってないと。

鎌田 恐山に来る方々がそれぞれの何かを持って来られるような受け皿であるのが望ましいということですか。

南 そうです。また、その何かをバーッと吐き出せるようなところでないと。ここに、あらかじめ何かのイデオロギーや教えがあってはダメです。つまり、ある種の空虚がないと霊場は成立しません。

鎌田　これまでも南さんはたびたび、「恐山はパワーレススポットである」とおっしゃっていますが、この空虚がつまり「パワーレス」という意味ですか。

南　そうです。つくづく思います。だから恐山にやってくる人には好きにさせたいんです。とにかくここではなるべく好きにさせたい。妙な人、変わった人もいっぱい来ます。これほど民間宗教者が多いとは思わなかったですね。当初はとても驚きました。

鎌田　ここはもう、民間宗教の一大拠点ですからね。

南　町なかにも、拝み屋さんみたいな人が、いっぱいいるんですよ。こんなにたくさんいるとは思いませんでした。都会だろうが地方だろうが、民間宗教者みたいな人はいっぱいいいる。彼らは、いわゆる新興宗教とは違います。だいたい宗教といえば、教祖がいて教義があってグループを作りますが、そうではなくて個人の相談に乗り、個人の不安の問題に関わっている。彼らは「私は恐山のお地蔵さんから霊力をもらっている」とか「詣でてきた高野山から力をいただいている」などとよく言っています。もちろん巡礼もします。彼らの組織の最大の特徴は、メンバーをいろいろなところへ連れていくことです。だからかもしれませんが、「先達さん」という導きの先輩たちが途中から「自分に霊能力がある」と言い出し、霊能者を名乗るケースがいっぱいあります。

鎌田　まあ御師（おし）みたいな人たちですよね。聖（ひじり）のような。

御師　特定の社寺に所属してその社寺への参拝や宿泊などの世話をし、また信者のために祈禱を行う神職のこと。

南　そういう人が、いっぱいいます。そして、恐山にやってくる。もし彼らが何かの信仰の教団だったら、ここは違う信仰だと言って排除することもできるのですが、ここはそれをしちゃダメなんですよ。なるべく周りの迷惑にならない限りは、好きなようにやらせます。

例えば、お相撲さんみたいな体格で黒い侍の衣装をつけた丸坊主の人が、錫杖を持ち、首にはピンポン球みたいな数珠を三重巻きくらいにして境内に入ってくるわけです。そして、七〇歳くらいのじいさんがでっかいリュックサックを背負わされて、そのあとに続いてくる。そのお坊さん風の男性が山門や建物の入口の前に座って大きなガラガラ声でお経のような呪文を叫び終わると、そのじいさんがクルッと後ろを向き、その男がババっとリュックサックを開ける。そして入れてあった大量の塩をガバッと掬い取って、入り口のど真ん中に盛り上げて富士山のような山を作り、そこでまた何かを唱え叫ぶ。それを全ての建物の前でやるのです。片付けてくれれば良いのですが、そのままです。片付けてくれないんですよ。

鎌田　置いたまま？

南　そうなんです。お堂には、そこを管理する従業員もいるわけで、どうしようかと思うのですが、塩が置いてあっても通行に困るわけではないから、まあ良いかなと。ギリギリの許容範囲だと思って好きにさせています。

しかしまた別のケースですが、宿坊に泊まって真夜中に大量の荷物を持って宇曾利湖の湖畔に行き、柱を建てたり浜辺に薪を組み上げて点火して、それを囲んで踊りながら叫び声を出し、さらに降霊術のような事をやっているグループがいました。非常にお客さんの少ない時期でしたし、宿坊の宿泊客の迷惑にはならないし真夜中で湖畔に人はいないので、それでもいいかと思って何年かの間は我慢していましたが、毎年火が大きくなっていき、ついに境内のベンチが燃えた時には、さすがに出入り止めにしました。

鎌田　そんなことがあったんですか。それは困りますねえ。

南　ただギリギリまで我慢したんです。最初に来た時は火も小さかったし、後始末も非常に綺麗にやっていたので。こちらは何も困らないわけです。真夜中なんて誰もいないし宿からは遠いので、どれだけ叫んでも声も聞こえない。そうである以上は、やりたいことやらせたいと思ったのですが、さすがに火が大きくなり、後始末もいい加減になり、ベンチまで焼かれた日には……それはもう、たまらないわけですよ。とはいえ個人的には、われわれにも参拝者にも誰にもダメージがないのであれば、なるべく自由にさせたいんです。そういう人たちには、そういうのをやらざるを得ない何かがあるんですよ。

鎌田　永平寺もどこでもそうですが、全国にはそれだけ自由に色々させてくれるとこ

宿坊　仏教寺院などの参拝者のための宿泊施設。参拝にあたって心身を清める施設でもある。

ろ、拝ませてくれるところは、なかなかないですよね。全部一定の方針を立てて管理しますから。何かすると「うるさいからやめてくれ」とか「ここはそういう場所ではありません」と断られる。でも、そこまで許容するようになったのは、南さんが来てからですか？　または、恐山では以前からそういう伝統がずっとあったとか。

南　まあ、以前からそういう性質の場所だったんでしょうね。

鎌田　皆、自由にそこでやりたい拝み方をしていた、と。

南　教義がないですから、判断根拠がないわけです。要は、恐山の信仰における教義とかがない。だから好きに拝みもできた。昔からそうやって作ってきた場所なんですよ。

鎌田　歴代住職も、そうやって許容してきた。

南　そうなんです。そしてまた、そういう場所として受け継いできたのでしょうね。でも、歴代住職には大した根拠はなかったと思いますよ。例えば、昭和三〇年代になってイタコさんたちが集まってきたということ自体がそうです。もともと、イタコさんたちとは付かず離れずの関係だった。そして「恐山に来るんだったらどうぞ」ということで、これまでやってきただけでしょう。

変わるものと変わらないもの

鎌田　昭和三〇年代の以前はどうだったんですか。

南　イタコさんたちは、ほとんどいなかったそうです。つまり、本来は家でやっている人たちなんです。

鎌田　どういうきっかけで、その昭和三〇年代に恐山と関わりをもつようになったのですか。

南　恐らく、昭和三〇年代の高度成長にのって庶民が旅行し始めたあたりでしょう。中国でもそうですが、庶民の最初の旅行というのは、行き先は必ずと言っていいほど宗教施設なんですよ。

鎌田　まあ、そこしかないですよね。名所旧跡のほとんどは伝統的な宗教施設とかかわってますから。

南　昭和三〇年代から四〇年代にかけて旅行ブームとなり、特に昭和四〇年代は初めて国鉄がディスカバージャパンというのを始めたんです。それが観光キャンペーンの始まりでしょうね。その時に、下北半島は秘境みたいな扱いになりました。

鎌田　確かに。日本のチベットみたいな感じに。

南　そう。そしてイタコさんと秘境としての下北半島・恐山がワンセットになり、外に出たんです。それからですね。ここで大きな寺社仏閣が法要や神事をすると、人が集まるようになったのでしょう。そこにイタコさんも出張営業にやってくる。言い方は悪いかもしれませんが、縁日の出店みたいな感じです。だから、その法要や祭事の賑わいとイタコへの相談者の人の列が強固に結びついて、それがひとつのイメージとして昇華したのが、昨今の恐山なんです。

鎌田　恐山の大祭も、その頃からですか。

南　いえ、恐山の大祭はずっと昔からあるんですよ。大量のイタコが集まるようになったのが、昭和三〇年くらいだということです。それ以前は、いませんでした。

鎌田　それ以前の大祭はどのように行われていたんでしょうか。歴史的には平安時代まで遡り、天台宗の慈覚大師円仁さんが開山したとのことですね。

南　ええ、一応。でも、恐山のルーツというか古い時代のことは私にはよくわかりません。これは私の想像ですが、もともと修験者が入ってきて、下北地方の町や村山のお祭りに密教の法具を使っていますから、非常に早い段階から修験者のような人が入ってきたと言えるかと。

鎌田　鎌倉時代くらいですか？

南　もっと前でしょう。そこは文献がないのでわからないのですが、恐らく円仁さんが活躍した時代には、もうここには何人かいたのではなかろうかと思います。

鎌田　そう感じます？

南　ええ。そう思います。平安時代の終わりまでには、ここに山伏のような修験者、民間宗教者たちがすでに入っていたと思います。修験者ですから、彼らは天台あるいは真言系の密教の人たちでしょう。それで、最終的にはその天台系の人たちが主にここで宗教活動をしたのだろうと思います。それでこの地域周辺にそうした人たちの集団ができてきた時期に、その権威を確立するために自分たちの由来を円仁さんの話につなげたのではないかと。

鎌田　円仁とつなげた？

南　はい。円仁が東北を巡礼したという話があるわけですからね。円仁が東北に仏教を布教した話として、岩手の中尊寺と山形の山寺は開山した場所として確定しているので、それを北へと……。

鎌田　延長させて？

南　はい。延長させて、ここにも来ただろうという話にして、東北各所にあるような円仁による御開山だという話を作ったのかなと思います。またご本尊が非常に古いので、ますますその伝説と結びつきやすかったのだと思います。

鎌田　ここには当時、すでに十分な神秘性があったと。

南　そうだと思いますね。

鎌田　その後恐山は、江戸時代にもやはりこの地域の人の信仰を集めていたのでしょうか。

南　よくわからないです。ただ、江戸中期の文献以外は火災と戦火で焼けてしまっているんです。江戸中期の記録では、やはりいろいろな人が全国から集まってきたとあります。その中で一番印象的だったのは、多くの人がここに泊まって、賽の河原の方で夜通し祈りをささげたというものです。ある呪文を唱えながら亡くなった人の名前を呼ぶと、明け方に亡くなった人が出てくるという信仰がとても広まったということです。

鎌田　それで、江戸時代に全国から人が集まったと。

南　ええ。そうだったと思います。物狂いと言うか、要するに精神錯乱を起こす人が続出したので、本坊の円通寺ではその習俗を禁止したという記録があります。

鎌田　記録に残っているというのは、何の文書ですか。

南　『円通寺史』でしたかね。菅江真澄の東北紀行文の中にも出ていたかと思います。

鎌田　すごいですね。すでに江戸時代に、恐山の大祭でそうした祈りをしていたとは。

南　巫女が来ていたといいます。おそらく、今のイタコの原型みたいな人じゃないですか。菅江真澄の文章には、夜通し人の名前を呼ぶ習俗があり、そこには巫女が集まっていたというようなことが確か書いてあったかと。ですから、そのイタコさんと

菅江真澄　一七五四-一八二九。江戸時代後期に三河国（現在の愛知県）で生まれ、秋田で暮らしながら東北の歴史、民俗について詳細に記録した紀行家。民俗学の祖とも言われる。

いうのは、はっきりとは起源はわからないんですよね。

鎌田　でもまあ、江戸時代にそれがあったということは、江戸時代以前からいろいろな人がここに来たということは間違いないのではないでしょうか。

南　それは間違いない。もともと、湯治場みたいに地元の人に発見されて、後に修験者が入ってきたのが霊場の始まりだろうと言われています。やはり、恐山の自然環境が宗教者の情操を刺激する部分があったのでしょう。

鎌田　それは非常にありますね。強烈で、他の場所とは違います。永平寺、曹洞宗の本山から見れば、別世界のように見えたと思うんですが。

南　とにかく、まるで違います。最初は戸惑いました。私が考えている仏教と恐山とは関係ないと思いましたね。仏教とか宗派とか、そういう捉え方で恐山を考えてはダメだと思います。

鎌田　今はどういったバランスを保っているんですか？　民間信仰の世界と禅の修行や自己探究とは、やはり次元が違うということなんですか。

南　私の場合は、死者であろうが生者であろうが、「存在するものは、それ自体として存在するのではない」という観点で考えています。死者の存在も生者においてしか意味がないだろうと思います。つまり幽霊や霊魂というものは、それ自体があると思わない限りは成り立ちません。また、死が生の内にあり、あるいは死と生が同時に存在すると言うのであれば、死者と生者の実存の仕方には根本的な違いはないだろうと思います。何であれ、それ自体として存在するものはない、と。そうなれば、死者の存在性格も生者の存在性格もそういうものとして捉えられる。つまり、それらは無常な存在だと考えるのは可能だろうと思っています。

死者がリアルだと言うなら生者だってリアルだろうし、死者がヴァーチャルだというのだったら生者も極めてヴァーチャルだと思いますね。ただ、自己というのはそんなに確かなものじゃないですよ。自分の記憶していることについて他者から「そう思う」と言ってもらわなかったら、その人の自意識というのは存在しないですからね。私（A）が私（A）であるということは、そのように自分の記憶が連続していることと、他人が「彼はAである」と認知し続けること、この一致でしか保証されません。自分が自分であるということを支えるのは、これら二つしかないですから。そうすると、この世界には確かなことは何もないことになる。死んでいても、生きていても、たいして変わりのないことだという感じがします。

物語が生まれるところ

鎌田　はじめて恐山に来た時、あのカルデラ湖の印象はいかがでしたか。宇曾利湖や恐山をどう感じましたか。

南　やっぱり、茫然としましたね。こんなところがあったのか、というのが、第一印象ですよ。「すごいな、ここは」と思いました。

鎌田　そのすごさは、もう少し具体的に言うとどういう感じですか。

南　なんというか……自然に行った時の感覚とは違う。どこかの大聖堂に来たという感覚とも違います。

鎌田　大聖堂じゃないですからね。

南　例えばセント何とか大聖堂という立派な宗教施設を見れば「おお、荘厳だな。すごいな」などとそれなりに感動するわけですが、恐山は違います。また、例えば南米アマゾンのジャングルやアフリカのサハラ砂漠、オーストラリアのグレートバリアリーフのような大自然に行った感じとも違うんです。

鎌田　違いますね。

南　何か得体のしれない不安感というか、何とも言えない不安に襲われる。それで、これは一体何なのかと考えたんです。恐山に限って言えば、まずはとても住めないところ、暮らせないところです。つまり、日常生活からは切断されているんですね。

鎌田　人外境ですよね。この世ならざるところ。

南　要するに、異界みたいなところです。

鎌田　まさに異界でしょうね。

南　ただ、異界がどんなに日常と隔絶しようと、そこは人が来ようと思えば辿り着ける場所なんですよ。里からの距離はあって非常に困難ではありますが、まず行けるところなんです。えっこらやっこらで、とにかくここまで来られる。

鎌田　徒歩で数時間で来られますね。

南　それから、恐山の異界としてのもう一つの特徴は、人間の何らかの思想というか情念が根底にあるような行為の痕跡が、恐山にはちゃんとあるということです。

つまり、「裂け目」があるわけです。しかもその裂け目は、しっかりと見える。人間の日常の世界とは違っている風景に、「ああ、これは人間の行為の痕だな」というのがくっついている。裂けながらくっついている。

鎌田　風車、石積み、供養塔など、いっぱいありますね。

南　そうです。恐山には異界とでも言えるような何かがある。端的にそれは「死」です。それは最も日常生活から遠いでしょう？　ところが、異界みたいな全く暮らせないようなところに人間の痕跡が付く。「死」は絶対わからないのに、人はそれをめぐって物語を作りますね。その痕跡を辿っていけば、参道のように「死」へと進んで行けるわけです。たとえ行きたくなくてもね。つまり人間が死に向かい合ってそれを処理する過程をズバリ視覚化しているような場所だと思ったわけです。

鎌田　私は、恐山はまさに死者のテーマパークだと思いますよ。

南　要するに、人間の死に対する情念や想念を視覚化しているから、生と並行して流れる死の時間あるいは生における死と言いますか、仏教では「生死(しょうじ)」と言いますが、その死の部分を刺激する場所だと思ったんですよ。だからこんなに不安になるんだなあと。やはり、大聖堂みたいなところはあまり死の部分は刺激されませんから。

鎌田　荘厳(しょうごん)ですからね。

南　人間のやっていることが前面にせり出しすぎていて、「死」まではいかない。「すごいな」で終わってしまうわけです。

鎌田　永平寺はどちらですか？　大聖堂タイプですか？

南　あそこは修行する場だったので、そんなことを考える余裕はなかったです。また、建物なんかよりも、あそこは身体行為が大切ですから。坐禅して掃除して、ということの方が問題で、建物なんてほとんど掃除する対象にしか見えないわけです。

鎌田　空間もよくわからない？

南　よくわからない。空間との関わり方は日常の行でほとんど決まっているわけです。ここは坐禅するところ、何するところ、ここは道元禅師の御廟所で、こういう作法でやって、と。つまり、関係の仕方を全部最初から決められているんです。

鎌田　関係が初めから規定されている。ルール通りに。

南　だから、考える余地がないです。嫌なら出ていけというようなところですから。

自分では、なぜこんなことするのだろうとか、その作法の意味をいろいろ考えます。しかし関わり方はもう決まっていますから、そこからは外れられない。

鎌田　なるほど。

南　とは言え、そういう作法がすでに存在しているのですから、ものの考えようがある。ところが恐山はむしろ、何もない場なんですよ。どう関わって行けばいいかわからない。また、むきだしの大自然だと、今度は自然があまりにも生々しすぎて、人間の情念や想念には簡単には触れられない。サハラ砂漠では、無理です。つまりそういった場所では、死の世界も見えないわけです。物語も作れない。「バカでかい空間にあるのは砂漠と空だけですよ」と言われると、そこには物語を作り出す余地がないわけです。ところが、人間が死に対して物語を作ることと似たようなことが、恐山ではできるわけですね。このあまりに非日常的な空間が人間の想像力を刺激する。恐山にはそうした特質があると思います。

鎌田　石を積みますもんね。一つずつ。

南　そうです。あれは誰かが始めた。恐山の信仰には、坊さんなどが「ああやれ、こうやれ」というのは、恐らく一つもないんです。例えば、木に草鞋が吊り下がっているところがありますが、三〇年くらい前は一つや二つしかなかったとのことです。それを誰かが始め、今では草鞋が売店で売られているわけですよ。

鎌田　それは民間信仰の世界の……。
南　根本ですよ。
鎌田　そうですね。自ずとそうなってしまう。
南　だから、宗教は後追いでは来るけれども始めたのは宗教家ではないんです。あるいは教義がないんですよね。教義の裏付けが何もない。つまりやりたい人が誰か始めて、それを「いいな」と思った人がそれをやるというだけでしょう。
鎌田　それが広まっていった。
南　はい。そうすると、それが原型ならば、やはりその絶対わからない死に対して物語を作る営みは、自由にさせてやりたいんですよ。

畏怖と死への欲望

鎌田　恐山は物語の吸い取り紙や吸い取り装置みたいなところですね。全体が本当によくできた死者と死後のテーマパーク。私が最初に恐山に来たのは、二〇歳くらいの時です。大学に入って間もない頃、東北を一周しました。上野から佐渡島（さどがしま）へ行って、佐渡島を放浪したあと男鹿半島へ行き、男鹿半島から津軽へまわって、そして下北半島へと来ました。四月下旬から五月初めの頃でした。恐山に来たかったのは、簡単に言うと、高校時代に寺山修司に出会ったからなんです。

南　そうでしたか。

鎌田　私が最初に書いたものを評価してくれたのが寺山修司だったんですよ。それで寺山修司の『地獄篇』や『田園に死す』などを読んでいました。寺山修司の作品には恐山のことが繰り返し出てきます。

南　出てきますねえ。

鎌田　彼はまさに、恐山を物語った人です。恐山は一種ヴァーチャルな装置として彼の中にあったと思います。でもそれは伝承されてきたものから、彼が短歌や映像の中で恐山イメージを非常に膨らませ、美的にもおどろおどろしくも語った。私はそれらを読んでいました。だから、東北を周遊するとなれば恐山は当然行かねばならないところだと思った。四月末から五月初めというのは、まだバスも通ってない季節でしたよ。

南　当時はそうだったでしょうね。

鎌田　まだ雪があって、雪の中を恐山へやってきた。田名部（たなぶ）の町から二、三時間は歩きましたかね。ここに着いた時、よく言われるように、本当にこの世のものではないという感じでした。

南　四〇年位前でしたら、今よりもっとすごいですよ、きっと。まだ硫黄のガスの噴出量がかなりあった頃ですよね。

寺山修司　一九三五－一九八三。青森県生まれ。歌人、詩人、劇作家。映画やエッセイ、評論などでも活躍。独自の感性で多くの作品をのこしている。一九六七年には演劇実験室「天井桟敷」を結成し前衛演劇を行った。一九六五年刊行の歌集で七四年に映画化された『田園に死す』は恐山を舞台とした作品である。

鎌田　そうです。雪の中、血の池地獄などを見て回って、岩山を抜けて隅っこのところから極楽浜に出た時、ドイツの宗教哲学者ルドルフ・オットーが言った「ヌミノーゼ」という、聖なるものと出会った時のような感覚になりました。最初にここを訪れ来た人はおそらく同じような感覚だったのではないでしょうか。なんというか、不気味さと美しさですね。畏怖させると同時に魅惑するという「聖なるもの」の根本感覚。ものすごく恐ろしい。私は、深い畏れを感じました。

南　畏怖感ですよね。

鎌田　そう、畏怖。と同時にまた、そこには魅惑するものがあるわけですよ。極楽浜から恐山一帯を見た時、そこは本当に美しい、この世でないような光景。しかし、この世のものですよね。ああいう光景は、例えば最初に人が諏訪湖に入った時にも、同じようなものを感じたと思います。

南　そうでしょうね。

鎌田　いま聖地になっているいろんなところに最初に入った人たちは、その時にもヌミノーゼ的な感覚を持ったのだろうと思います。しかも、そういう人が一人いるということは、一〇人、二〇人、いや一〇〇人を越えているんですよね。他の人が恐山にやってきても、そういう同じようなヌミノーゼ的な感覚を持つ。それが今の民間信仰の支えになっていると思います。

ルドルフ・オットー　一八六九－一九三七。ドイツの神学者、宗教哲学者。宗教的感情には魅惑と畏怖の相反する二つの側面があると分析し、それをヌミノーゼ（神の意志や聖なる力を指す造語）感情と名付け、非合理的、神秘的な性質こそ宗教の本質だと説いた。

南　そう思いますね。

鎌田　恐山をめぐるそうした評判や評価が、最初にやってきた人の語りから始まったかどうかわからないけれども、話はどんどん重ねられて、変わりもしながら下敷きとなり、人の身体性というか手触りなどの感覚も重なっていって、今や風車や草鞋などのようなものになってきたのだと思います。木の枝に結びつけてある手拭いなどや、訪れる人がお地蔵さんにほっかむりさせていく行為とか、いろんなものがその場所にくっついて、人間の体臭みたいなもの、身体の影みたいなものまで、そこにくっついていきますね。

南　その通りだと思います。そして多分、恐山は人間の死に対する欲望を刺激していると思いますね。

鎌田　その、死に対する欲望というのは何ですか。

南　人間は「いやだ」と言っているときには、そこに強烈な欲望が隠れている場合がありますから。私はやはり、人間の根底には死に対するそうした欲望があると思います。つまり自意識なんていうものは、重荷なんです。

鎌田　死に対する欲望というのは、「死にたい」という思いとは違う?

南　はい。自死願望とは違います。つまり、自死願望なんてない人であっても、人間には根本的に自意識を重荷に感じている部分があり、それに対して反証したいという気持ちが根源にはあると思います。

鎌田　ということは、人間は死に魅惑されている、魅了されるということですね。

南　そうです。ただ、そこを刺激されるから欲望が増殖されるのだと思います。宇曽利湖の風景はやっぱり美しいが、あれを美しく感じるのは根本に死に対する欲望があるからだろうと思います。何と言うか……人間が自意識を解除するような行動にとても取りつかれやすいのは、そこだと思うんですよ。それは死に対する欲望を読み替えた、組み替えたものだと思いますね。

鎌田　それが異界や、この世ならざるもの、というものなんですよね。

南　そうです。異界の意味というのは自己否定性ですから。異界は自己否定的なものとして立ち上がってくる。

鎌田　まあ、日常ではありませんね。

南　そうです。異界は、安心していられるところではない。自分を自分で保つところではない。その自分のもろさ、脆弱さを突いてくるんです。人間がそういうものに常に近づきたがるというのは、自分が自分でいることや日常を支えること自体を非常につらいと感じていて、それを解除したいという気持ちがその根源にはあると思いますね。そうでないと、宗教が必要な理由もよくわからないんですよ。つまり、欲望がある以上は、それをどうコントロールするかというのはとても重要な問題で、もしこれを欲望のまんまにしてしまうと、自己破壊的なことばかりになってしまう。私はそう思います。

リアルへの問い

鎌田　南さんは、非常に観念的なところから出発して、具体的なものへの接続として美学を選んだ。私も哲学に進みましたが、私の場合は美学ではないんですよ。そのきっかけは心理学でした。犯罪心理学をやっていたんです。

南　ほう、なるほど。

鎌田　高校時代に関心を持ったのは、「なぜ人は罪を犯すのか」「犯罪とはそもそも何なのか」「悪とは何なのか」「それをしたらなぜ罰せられるのか」などの問題です。そうした問いに非常に取りつかれていました。それで、精神医学、当時は異常心理学と言っていましたが、本当はそうした心理学をやりたかったんです。犯罪者の心理には人間の本質というのか人間の根源的なありようといったものがあって、それが立ち起こってくるところを見据えなければ悪や罪の問題の解決には至らないと考えたわけです。それでまず心理学を極めようと思いました。

そのきっかけは子供の頃の体験にあります。自分には、いろんなものが見えたんです。「鬼が見えた」と表現したのですが、そんなものが見えるということ自体が、幻想なのか、イリュージョンなのか、ヴァーチャルなのか、リアルなものなのか、判断が全くつかなかったんです。自分にとってリアルなものは、他の人にとってはリアルではない。さて、これは一体自分が間違っているのか、それともその人が間違っているのか。このことを子供の頃からずっと考えてきた。南さんは、ずっと死や自己について問いかけてきたけれども、私にとってはずっと問いかけてきたのは、こんなことです。

もう少し整理すると、自分が考え続けてきたのは、「世界は一体どういうふうになっているのか」という問題です。そして、一〇歳の時に『古事記』を読み、その謎が氷解したんです。左目を洗ったら天照（あまてらす）、右目を洗ったら月読（つくよみ）、鼻を洗ったら須佐之男（すさのお）と。これを読んだときに氷解しました。つまり、自分が見ていた鬼みたいなものは、神話の中にリアルに存在していたんです。しかしリアルな現実の日常生活の中では、「そんなものはない」と誰もがそれを否定する。でも、神話の中にはある。たぶん神話は非日常なんでしょうね。でも物語としては古くから言い伝えられてきている。それが一〇歳の時で、そうした神話を読んで鬼がサーッと氷解し、それ以来、そういうものを見なくなりました。

南　すごい経験です。

鎌田　また、私にはもう一つ大きな体験があります。それは「夢」です。今に至る自分の原点だと思いますが、自分の中では人生の岐路にいつも夢があります。
　繰り返し見る夢があって、まず左手に米粒のような粒が乗っている。そしてその米粒みたいなものを見ていると、それがどんどん膨らんでいく。どんどんどんどん膨らんでいってピンポン玉のようになって、それからテニスボール、バレーボール、バスケットボール、ドッヂボールのような大きさになり、両手で抱えて支えなければいけないぐらいになる。両手で支えてもまだ膨らむので、もっと本腰を入れて支えなければいけないと思う。そうなると四股を踏むように腰をぐっと落とし、地面に向けてガッと力を入れる。その途端、地面がなくなるというものです。でも粒はそのまま膨らんでいき、地面もなく、宇宙空間の果てまでワーッと、もう瞬時に押し出されるみたいになる。それで「あーっ！」と叫んで、目が覚める。こんな夢を一年に数回、繰り返し見たんです。手のひらにある粒を、繰り返しずーっと見る。何でこんなもの見るのかと思うわけです。私は夢の中でそういう宇宙の深淵というものに、恐ろしいけど、すごく魅惑されているんですよ。

南　それはとてもリアルですよ。生きている現実よりリアルじゃないですか。その感覚は、よくわかります。鎌田先生と私のようなタイプは全国に何人かいるんですよ。評論家の宮崎哲弥は人口の五％と言っていましたが、その特徴は、幼い頃にある経験をしているということです。

鎌田　リアルな経験をしていると？

南　はい。そして、子供の頃のそうした経験は、周りには理解されない。

鎌田　確かに。誰にも理解されない。

南　いくら周りの人に言っても、まるっきり通じない。話は通じないけれども、自分が感じることは確か。そうした理解されないリアリティーみたいなものを、われわれのような人間は抱えこんでしまうんですよ。

鎌田　強烈にね。

南　はい。そうすると世の中がおかしく見える。

鎌田　おかしく見えた！　今でもおかしく見えています（笑）。

南　そうした状況を解決するために、だんだんおかしな方向にも行ってしまう。鎌田先生の夢にあたるものは、私の中ではぜんそくの発作です。私は子供の頃に小児喘息、それもアレルギー性の小児喘息のはしりで、当時そんな症状の患者は誰もいなくて健康保険がきかなかったんです。近所の町医者からは「ただの風邪だ」と言われ、それでこじらせてしまった。小児喘息は、絶息状態がひどくなると完全に息が吸えない時間があって、目の前が真っ赤になるんです。目の前が真っ赤になって、この後「ひょっとすると、これは死ぬのかなあ」という状態になります。五日に一度くらいそういうのを繰り返していると、自分の存在と世界の存在が、もう信用できなくなってくるわけです。

発作が起きるたび、ふだんの日常生活がペラッペラの現実に見えるわけですね。苦しくて切ないからではなく、例えば自分の名前を連呼しても途中で意味が消えて音だけになるような感じです。つまり、現実がバラバラに砕けてしまう。だから、砕けたその後、果たして世界がどうなるのかというのが、自分にとっての死の問題なんです。

鎌田　臨死じゃないんですよね。臨死体験とかじゃない。死後の話として、お花畑や空のお星様の話をされても困るわけですよ。

南　だから、死がどういうもので、それがなぜあるのかと人に聞いても、大人はその質問自体を理解できないわけです。そうすると、理解できるような話にすり替えて答えてくる。死んだら空の星になるんだよ、みたいな。

鎌田　物語をね。

南　そうなると、もうまるで話が通じない。だから先ほどの先生の話も、すごくリアルなのに「恐らくそれは夢だろう」という話にされてしまう。

特別な場所、特別な経験――聖地めぐりの原点

鎌田　私は、鬼と夢が自分を突き動かし、ここまで導かれてきたのですが、私と恐山との出会いには、伏線がその前に一つあります。初めて恐山に来たのは二〇歳頃だっ

たのですが、その前に高校二年の時に自転車で四国を横断して九州一周したんですよ。

南　すごいですね。

鎌田　熊本・阿蘇山のふもとを下って、鹿児島の桜島に行き、青島に立ち寄りました。その時、自分の身体に変化が起こったんです。肌が粒立つというのか、ゾゾっとして。青島には鬼の洗濯岩というのがあります。海岸線のところに波のようなギザギザになっていて荒々しく荒涼とした感じで、その真ん中に小さな緑の島があります。そこに近づいていく過程でガーッと肌が泡立ってきて、なんか変だな、気持ち悪いなという状態になりました。それでも構わずに入って行くと竜宮城みたいなお宮があった。

そこには沖縄の御嶽（うたき）のように木々の茂った森があり、その中へと進むと、まるで別の時空のところへ接続して、どこか穴にでも落ち込んだような感覚になったんです。そこにあった説明の看板に、ここには山幸彦と言われる火遠理命（ほおりのみこと）と豊玉毘売（とよたまひめ）が祀ってあると書いてありました。私は一〇歳の時に『古事記』を読んで、それで救われたとの思いを持っていたので、いろんなことが自分の中でつながってきたんです。『古事記』に書かれている禊は日向国（ひゅうがのくに）で行われた。つまり、伊邪那岐命（いざなぎのみこと）が実際に体を洗って禊をして、天照大御神（あまてらすおおみかみ）や月読命（つくよみのみこと）を産んだのは日向国。橘の小戸の阿波岐原（あわぎはら）という所でした。そこに天孫降臨してきた神々、つまり人間の先祖、まあ天皇家の人たちということですが、その神々がそこに住んで海の神の娘と結婚し、その物語が後

青島　宮崎市の青島海岸の対岸にある小さな島。島内に青島神社を構え、古くから神聖な島として信仰の対象となり神職以外は立ち入ることができなかったが、江戸時代中期以降は一般人の参拝も許されるようになった。周囲には奇岩「鬼の洗濯板」が広がり、現在は宮崎の観光スポットの一つ。

御嶽　沖縄諸島において村落の中心にある聖地。ノロと呼ばれる女性祭司が村落を守護する神に祈り、村の祭礼が行われる場所のこと。

の日向神話へと繋がるんですよ。その青島の神社に祀られているものは、その神話の中に登場する神だったわけです。それを見た時、神話の神は神社という場所に本当にいるということに驚きました。

それまでは、「神は心の中にいる」と思っていたのですが、その時、神は自分の心の中とか観念にではなく、神社にこうして現実に「いる」と思ったんです。もちろんそれまで、地元にも天神さんがあったりして神社は知っていたけれど、ひとつの習俗でしたから、そういうリアリティーのある場所ではありませんでした。しかし、自分の中に決定的に変化を起こしたあの『古事記』の物語が目の前にこうして神社としてそこにあり、そして、神社に近づいていくと自分の身体が変な状態になった。自分にとっては、これが本当の聖なるもののリアリティーの最初の経験の一つです。これが、そのあと自分が聖地や霊場をめぐる原点になりました。青島のこの時の体験が最初にあったんです。

青というのは、死のイメージなんですよ。青島というのは日本全国に淡島（あわしま）などたくさんありますが、民俗学者・谷川健一さんの説では、青は死の世界なんです。青やオウの名が付く地名は、そこから他界へ至る場所のことを指していると。他界と言っても、ニライカナイや常世とか母の国とか、さまざまなイメージで、さまざまな言葉で語られます。そういう境にあるところ、これが青島（あおしま）とか大島（おおしま）とか淡島（あわしま）であると。こう

ニライカナイ　奄美・沖縄諸島において海の彼方にあると信じられ、そこから来訪神がやってくる海上他界、神の世界のこと。

したことは後になって民俗学的な知識として知ることになるのですが、もう自分の中ではその時に変化が起こっていたんです。

南　なるほど。

鎌田　それで一週間から一〇日くらい旅をして、徳島の家へ帰った途端、口からガーッと火を吐くように文章を書き始めました。それは、今まで書いた事のないような詩のような文章で、高校三年になってからその文章を寺山修司に送ったんです。そうしたら、それを雑誌に取り上げてくれて、それがきっかけで寺山修司を読むようになり、その寺山の作品の中に恐山が出てきた。

一七歳の高二の時に訪れた青島があり、次に二〇歳で巡った東北の旅で恐山に来た。つまり私が青島の次にやってきた霊場が恐山だった。鬼の洗濯岩のある日向国・青島は、自分にとっては特別な体験をもたらしてくれた「光の世界」、「光の聖地」です。そして、そのあとに訪れたのが恐山。それ以来、私の中ではこの両方が日本の聖地霊場の両極になりました。一七歳と二〇歳の時にこの二つを経験したことが、恐山にも、青島とは違う性質だけれども、それに匹敵する別の何かがあると考えるきっかけになりました。

その何かとは、いわゆる「地獄」という概念です。私は先ほど話したように犯罪に関心がありますから、当然、地獄にも関心があります。地獄というのは多くは犯罪者が堕ちていく所で、この世のさまざまな罪にけがれて、そういうものを背負った者達が苦しんで堕ちていくという物語や世界観をもとにしています。その地獄の風景が、具体的に血の池地獄や叫喚地獄とかという形であるわけですよね。

南　はい。

鎌田　その地獄とは一体何なのか、ということです。だから地獄と名前が付くようなところ、つまり硫黄が吹き上がるような地獄谷温泉とか、何とか地獄などを訪ねていくのが私にとって聖地・霊場巡りのきっかけでした。

リアルなものがその人にとってどのように立ち上がってくるかという点にも、とても関心がありました。ですから、一つは恐山という場所、そしてもう一つは獅子吼林のサンガをなさってきた南さんが恐山にいらっしゃるということで、今回お話できて非常に嬉しく思います。

ヴァーチャルとリアルの交差点

鎌田　ところで、恐山に来たのは、今回で四回目です。一回目は先ほどの二〇歳くらいの時で、その次は以前勤務していた大学から、道徳教育研究の研修でむつ市の田名部(たなぶ)中学校に来た二五年前。それから三度目は今から十数年前、一九九九年か二〇〇〇年頃に恐山大祭に来ました。そのときは、父親がイラク人で母親がポーランド人のドイツ人男性と一緒でした。彼のお父さんはイスラムのスーフィーの伝承者で、彼自身もスーフィズムを学んでいて、日本に関心があり日本の武道や忍術、マーシャルアーツなどを研究して、ミュンヘン大学演劇学科の修士課程を出たインテリです。日本の秘境にも関心があり、出羽三山など彼と日本全国を何度か回るなかで恐山に来ました。

ちょうど恐山大祭があり、その時初めてイタコの口寄せを見ました。半日ほど様子を見ていましたが、イタコさんたちはほとんど同じことを口寄せでやる。同じ形式、儀礼があるんですね。でも、やってきた相談者はそれだけで涙を流し、納得するわけです。

私がすごいと思ったのは、横浜からやってきた二〇代後半くらいの若い女性で、イタコのおばあさんに出してほしいと頼んだのは交通事故で死んだ自分の恋人でした。どうしても会いたい、話を聞きたいと。イタコさんは、毎回ほとんど同じように語る。ほかの相談者の時とほぼ同じように語っているのですが、そのイタコさんの語りに、横浜から来た女性もまた、ほかの人と同じように反応する。でも、彼女の中では自分が死者と出会っているということが本当にリアルで、そこに現前しているんですよね。そしてそこには、一種のカタルシス、浄化作用があった。

スーフィーの友達はそれを見ていて、自分もやってみたいと思い、スペインで水死した友達を出してくれとイタコさんに頼んだんですよ。そしたらそのイタコさんが、

スーフィー　イスラム教の神秘主義のこと。禁欲主義的で来世志向が強く、神との神秘的合一の境地を目指す信仰。

「外人さんはお断り」と。

南　ははは。

鎌田　結局、口寄せはしてもらえなかったけれども、その様子を何時間か続けて見ていると、そこにはやはり、ひとつの違う物語の世界があると感じたんです。スーフィーの彼は演劇を学んでいたし、それ以外のさまざまな文化を見聞してきているので、そこで起こっていることの全体がよく見えたわけです。

演劇を見て人間が感動するように、イタコの語りの中で、人は、吸い取り紙のように人生のいろんなものを吸い取って、自分自身が何かに踏ん切りや区切りをつけていく。口寄せには、人間に何かの決着をつけさせ、浄化させる力がある。そして、そういう口寄せのようなことをやれる場所、やっている場所があり、そこにひとつのはっきりとした定型がある。こうした営みが持っている力を、彼も大いに感じたようです。

南　イタコによっては、外国人にも対応していますよ。

鎌田　英語、外国語で？

南　私が聞いたのは、カナダ人で、ダブル通訳だったそうです。通訳がいて、その通訳の言葉を下北弁に訳す通訳がいたといいます。そのカナダ人はお母さんを呼び出してもらったそうですが、最初は半信半疑だったのが、最後は滂沱の涙を流したという話があります。なぜかと言えば、自分とお母さんしか知らなかったことをイタコが言い当てたというんです。それで「お母さんだ、お母さんだ」と、大事になったという話を聞いたことがあります。

鎌田　そうでしたか。

南　それから、以前、恐山で国際パフォーマンス学会というのやったんです。それで、演劇関係、舞踏関係の人が来ました。いま先生がおっしゃったように、口寄せが演劇的な空間だという点は確かにそうですが、また決定的に違うところもあります。演劇は終われば終わったとわかるのですが、恐山は、演劇的な空間から日常に戻ってくる境目がわからないんです。

鎌田　確かに。もうずっと続いていますからね。

南　訪問客にも、最初は観光気分で来る人がいっぱいいるわけですが、バスの中でガイドさんが「石や砂なんかを持ち出さないでください」と言うと、「何言ってんだ」と話し半分で聞いている人もいる。それで、何か神妙で変わったものか何かを記念にと言っては石を持って帰る人が大勢います。しかし、そうした人たちほぼ全員が、しばらく経つと「すみませんでした」と言って必ず返しに来るんですよ。しかもそれは常に、「何かあったから」なんです。何かあったから返しに参りました、と。

鎌田　災いか何か、思い当たることなど？　沖縄の「神の島」と呼ばれる久高島（くだかじま）にもまったく同じ伝承と現象が今もあります。でも日々暮らしていれば、必ず変なことや災いのようなことはあるからね。

南　そうなんですよ。世の中には面白くないことや変なことなんて、いくらでも起こるじゃないですか。何かあったとしても、普通だったら拾って持ち帰った石とは結びつかないわけです。ところがそれを……。

鎌田　物語にしてしまう。

南　要は、演劇的な意識が、そこまで引っ張られるということなんですよ。

鎌田　リアルなのか夢なのか現実なのか、曖昧になるということですね。

南　そうです。彼らにとっては、起こって欲しくないこと、おかしなこと、うまくいかないことが起こる。するとそれを物語らなくてはいけない。そうするとそれはもう、現実なんです。演劇とは違い、「はい終わりです」というのが、恐山にはない。山に入ってくるとき幕はないし、また劇場に入ってきたという感覚もない。出ていくときも、何も出てきはしない。するとここでわかるのは、死が生を侵しているように、ヴァーチャルとリアルには、さほど明確な区別はない。つまり鎌田先生にとっての夢がものすごくリアルであるように、あることにおいては現実と言われるものがまったくヴァーチャルで、その区別なんてどうでもいいことがいっぱいあるんですよ。

そうすると、現実というものの定義を構造化しているものと、夢というもののリアリティーをどう考えるかということは、私にとってはとても大きいテーマでして、自分が以前から考えてきた問題を考える材料を、恐山に来てまたたくさん得ています。だから私にとっては自分のテーマとして考えていることと、恐山でのお勤めは抜き差しならない接続の仕方をしているんですね。

鎌田　具体しかないですからね、恐山は。

南　そうです。ですからその自分の考えを、とにかく信じ込まないようにするためには絶好な場所です。死や死者なんて話は、すぐ妄想に発展しますから、やっぱり具体的にどのように彼らには死者があるのかを観察するにはとてもいいところだと思います。

恐山境内　八角円堂内の地蔵菩薩

第3章

危機の時代と自己

裸形の実存――鎌倉期と現代に共通する自己の危機

鎌田　ここまでいろいろと空間論の話をしてきましたが、さらに時間論を中心に話してみたいと思います。

　私は、われわれを死に至らせるまでの間を支えているというか、自分たちを変化もさせていく時間の流れ、端的に言えば「歴史」をどう考えるのかも大事だと思っています。恐山には、円仁さんがここにお寺を立てたというのが一つの大きな伝承としてあるわけですが、当時の修験者たちにはこの伝承を支えるリアルな経験があり、その上に「円仁さんがここにやってきて、霊場を開いた」という、みんなが納得する伝承の物語ができていった。その伝承の物語によって、恐山は一つの時代軸を設定することができたわけです。

　南さんにとっては、道元禅師との出会いはもちろん重要かと思いますが、彼が生きた鎌倉時代が一つのリアルな時代と言えるのでしょうか。

南　私にとってはそうです。釈尊の時代と、道元禅師の時代と、われわれの生きている時代は、構造的にそっくりだと思います。

鎌田　どういう点でそっくりだと考えますか。

南　それまでの物語が通用しなくなり、自己の存在様式を作る作法が混乱し、自己が作りづらくなった時代。それが鎌倉期だと思います。そして、それは現代とそっくりですよ。釈尊が出た時に、自由思想家が出てバラモン教批判をしますが、鎌倉仏教の多くは、出てきた当時は新興宗教ですから。同じように、今も新興宗教や自己啓発セミナーのようなものがいっぱい出てきていますね。経済的な構造が変わって貨幣経済が浸透する時代と、状況はよく似ていると思います。

インドでは東西貿易で商人が勃興しましたが、仏教のパトロンは商人でしたから農民との接点がなかった。そのため土着の教えにはならずに仏教は一度消えてしまいます。鎌倉時代は、平家が日宋貿易を始め、大量のお金を輸入して貨幣経済が初めて本格的に展開し始める時期にあたります。生産力が高まれば経済構造も変わります。ちょうどその頃です。

今はグローバル化の時代で、これまでの自分や自己というありようを規定していた作法や構造が、もう通用しなくなった時代です。自己を物語りながら作っていくには非常につらくなってきている。だから、自己を基礎づけるような、根拠づけるような新しい物語が必要とされると思います。そういう意味で、鎌倉時代と現代は非常によく似ていると思うんです。

鎌田　私は、歴史を捉えるときには「スパイラル史観」という仮説的な観点で見ていきます。これは、時代の移り変わりには同じような構造があり、ある段階段階で似てくる。そういうある種のうねりやリズムのようなものがあるのだということです。

そうした観点から見れば、南さんがおっしゃるように、中世と現代は似ていると私も思っています。中央集権的な古代国家、律令体制みたいなものを作った時期の動きと、明治時代に天皇制を中心として強力な中央集権の近代国家を作っていった動きには似たところがある。つまり大きな物語や大きな体制を作るという時代の志向があったということです。だから、古代と近代は似ている。共通構造がある。富国強兵の。

しかしそれはいずれ崩れる。その一番のきっかけは、一二世紀の保元・平治の乱だった。この時期、共同体、集落、家族、そういうものが全部崩れていった。保元の乱は天皇家の皇位継承をめぐる戦いで、親子兄弟が殺し合う。それはまさしく「末法の世」の到来、地獄のリアライズです。そこでは、大きい枠組みが、枠のない枠組みのようになってしまい、崩れてしまう。その時に出てきたのが「無縁」という言葉です。また、「自由」という言葉も出てきた。中世で一番リアルだったのは、自由や無縁、あるいは無常だと思います。そんなときに、無縁であり自由であり、よすがない、支えがない、定点がない、浮浪していく人間がどのように繋ぎとめられるのか。自分の安心というものは、どのようにして得られるのか。そうしたところが焦点となって「念仏しかない」とか、「題目しかない」とか、ひたすら坐って自己を脱落放下し却下してくとか、そういう道ができていったのではないかと思います。

保元・平治の乱 平安時代末期に皇位継承をめぐって起こった、皇室と摂関家が関与した二つの内乱。戦に加わった源氏と平家の武士が台頭する契機となった。

南　その通りだと思います。つまり、あの時代に「裸形の実存」というのが現れるんですよ。

鎌田　裸、裸形の。

南　ええ。つまり人間が誰であるかということは共同体との関係で決まります。しかし、共同体が崩れてくると自分が誰であるかを決めるものがなくなるわけですから、そこには「むき出しの実存」が出てくる。そのむき出しの実存が、それでも一つのまとまりとして自己を捉えていくためには、何らかの理念が必ず必要です。もう共同体は崩れてしまって支えにはならないですからね。だからその絶対的な理念のような、超越的な理念といったものとの関係の中で自己を再編成しなければならない。そういう点では、日本で初めて本格的に裸形の実存が現れて、超越的な理念そのものが捉えられたのが鎌倉時代だと思います。ところがそれ以後、日本はまた地縁血縁共同体を再編成していく。

鎌田　江戸時代は特にそうですね。

南　そうです。古事記以来の地縁血縁共同体を、その枠を広げて再編成することに成功しますから、その結果、鎌倉時代のようなむき出しの実存が吸収されて、同時に超越的な理念が不要になってしまう。

鎌田　寺請制度、檀家制度もできるし。

寺請制度　江戸幕府が庶民を寺の檀家として登録し、キリシタンではないことを寺に証明させた制度。一六六五年、将軍家綱の時代に施行された。

南　檀家制度ができ、それがまたリアルになったということは、もともと日本に超越的な理念がなかった、また、そうしたものがいらなかったということです。だから作らなかったんですよ。

鎌田　なくても生きていけたと。

南　そうです。そんなものなくても生きていけると。『古事記』の中にあるような、神、あるいはそれを据えておく共同体で十分だった。だから空海の真言密教も、現実がありのままで構わないんだということを説明する超越的な理念としては使われましたが、超越的な理念として完全には機能していないんです。

鎌田　むき出しの超越ではないんですね。

南　それは、むき出しの自己に対するむき出しの超越でもない。

鎌田　包摂するものですね。

南　つまり、ありのままでいいんだ、それはみな合体してしまうんだ、という話になってしまい、そのまま現実を肯定するような装置としてしか働かない。

しかし、鎌倉仏教のように、裸形の実存に対する超越的な理念といった関係の構造は、あの時代でしか起こらなかったんですね。いま現在、どうも今までのやり方では無理だということになると、こうした局面としては日本史上二番目となる大きな課題に直面しているのではないでしょうか。

鎌田　私もそう思っていますね。この局面は、もっと拡大し、そしてさらに深刻になっていくでしょう。

南　思想というか観念、様相が変わっていく可能性が大いにあると思いますね。

神道と超越的なもの

南　私が一つ注目しているのは、神道です。平田篤胤（ひらたあつたね）のように、神道を再編成して超越的な理念を作り出すような方向に行くかどうか。この点が、今後の日本にとっては大きな課題だと思いますね。

鎌田　そういう方向へと行ったらどうなると思いますか？

南　わかりません。でも、それが必然だとすれば、それはある種の一つの新しい信仰形態として生み出されてくるのではないでしょうか。しかし、今の日本が革命的な状態にならないと、状況としてはそうはならないと思います。神社は今、七五三や初詣の世界ですから。

　その神道が超越的な理念を持ち出して、一神教的な考えにまで再編成されるということになれば、それは大きなことです。例えば現在の天皇の生前退位をめぐる問題に関して言えば、意志によって譲位できるのならば、当然、即位する時も意思を確かめるべきだという話が出てくるわけです。天皇家に生まれついて終身まで天皇でいるこ

平田篤胤　一七七六－一八四三。江戸時代後期の国学者・神道思想家。人は死後に大国主命（オオクニヌシノミコト）が支配する幽冥の世界（あの世）へ行くと主張し死後の安心を説き、また天皇中心の復古神道を打ち立てて幕末の尊王攘夷運動に影響を与えた。

とを全うするという従来のあり方は天皇の一種の存在性格になって、だからこそ神格視もされるわけです。ところが即位する時に意思を確かめ、自分の意思でやめられるということになれば、これは一つの職業ですから話が変わってきてしまいます。人間が職業を選択するのと同じで、戦後の天皇の「人間宣言」は、宣言してもなお半分は神のような存在性格という部分がありました。即位も自分の意思でできるという制度が整えば、これは本当の人間宣言というより、むしろ人権宣言になります。そうなったときに神道は果たして今まで通りに機能するのかどうか、これはわからないですね。そうすると、今の時代の要請にこたえて神道がある種の超越思想を導入する可能性は、ゼロではないと思っています。

鎌田　歴史的に、そうしたことは実際起こっていました。今は「譲位」ではなく、「生前退位」という言い方になっていますね。現状では、譲位できるような規定はありませんから、「生前退位」という言い方は非常に考えられた言葉で、そしてそれは事態を曖昧にする言い方なんです。

南　なるほど、そうですね。

鎌田　歴史の中では、平安時代などではそうした操作が行われています。例えば譲位と院政ですが、院の立場や役割をうまく作り出しているキングメーカーがいるわけです。摂関政治の場合は、摂関家が天皇の外戚や外祖父になり、キングメーカーとなっているわけです。院政の時代には、上皇という「治天の君」によって天皇や摂政関白などは自在に変化させられていたわけですよ。

南　なるほどねえ……。

鎌田　そういうものが院政をつくり、院政期の皇位継承問題が保元の乱になっていく。崇徳上皇と後白河天皇との間で、次の皇位継承をめぐって争いが起こったわけです。日本のあらゆる大きな転換は、だいたい跡目相続の時に起こる。企業でもお寺でも、みな同じ。仏教の諸宗派の動きの中でも、だいたい跡目相続の時に大きな問題が持ち上がります。そのシステム転換に際して、どういう形で次へとバトンタッチできるのかが重要な問題とされるわけです。その動きの中で、日本の神々もまた、実際に死んだり蘇ったりするわけです。

　そうしたときに、どういう形で再編していったかと言うと、吉田神道が日本中世での一つのモデルでした。

南　吉田兼倶(よしだかねとも)ですね。

鎌田　そうです。吉田兼倶が今の京都大学の隣に大元宮(だいげんぐう)というのを建てるんです。大元宮というのは、文字通り「おおもと」の「みや」です。それまでは、吉田神道、吉田神社と言って、その吉田神社を担っていたのが卜部(うらべ)家です。「卜部神道」「唯一神道」とも言いますが、それらは吉田神道を指しています。そしてこの卜部家は、平野

吉田兼倶　一四三五－一五一一。吉田神道の創始者。神道を統合を図り、大元宮斎場所遷宮や延徳密奏事件を起こした。

神社と吉田神社という、ともに古い神社を担っていました。また吉田神社は、もともと春日大社の分霊ですから、春日の四神、鹿島、香取それから平岡、比売神という四神を祀っている。そうすると、古代の律令体制の春日大社が出来上がっていく奈良のシステムを、そのまま京の都、平安京に移設しただけですから、基本的には古代神祇システムを受け継いでいるわけです。しかしそれは、まだ中世的なモデルではありません。その後、皇位継承などが崩れ、南北朝の乱があり、応仁の乱が起こり、日本を二分するような危機の時に、吉田兼倶という人物が出てきて「日本の神様がここに全部集まった」と宣言した。

南　なるほど。

鎌田　だから「大元宮」というのは、伊勢神宮の外宮と内宮の造りを一つの神社にまとめ上げ、前の方は内宮の造りで八角形、後ろの方は外宮の造りで六角形、下には五輪塔を埋めて、上には宝珠を付け、そして神道の千木、堅魚木を付けています。これは完全な神仏習合ですよ。兼倶はそれをシステマティックに組んで、大元宮を造った。

南　それは、すごい。

鎌田　当時の神道の中で、なんとかして超越的な軸を作ろうとしたわけです。そこで彼は、「唯一神道」と名乗った。「元本宗源神道」とも言います。兼倶は、自分の家にはその教えが伝わっていて、家の中にそれらが鎮座していると言った。吉田神道では、表に顕われている教えを「顕露教」と言います。また、「三部本書」と言って、『旧事本紀』『古事記』『日本書紀』を重んじます。これが表に出ている文献。その一方、この神道では裏の文献もあると考えていて、これを「隠幽教」と言っています。「天元神変神妙経」、「地元神通妙経」、「人元神力妙経」という架空の経典があると言い、自分はそれらを受け継ぎ、神道の一筋の教えを継承してきている、吉田家、卜部家にはこの教えが伝わっていると主張したわけです。

南　そうだったんですか。

鎌田　そして、応仁の乱の時代、敵・味方に分かれているその時に、まっすぐの軸、垂直の軸を立てて神道を再編成しようとしたんです。

南　「唯一」というのは、天照大御神のことじゃないんですね。

鎌田　そうです。卜部家にも深く関わる中臣氏・藤原氏の祖先神の天児屋根命を通して神託が下り、日本全国の神が全てそこに入ってきている、という意味です。

南　つまり彼が、それを全て再編成しているわけでしょ？

鎌田　はい。しかし江戸国学は、そうした吉田神道の思想を大批判します。そんなものは、神仏習合で、いろんなものが混じっているから純粋ではない。神社でも日本のものでもない、と。特に平田篤胤は吉田兼倶をものすごくけなします。

そのなかで吉田兼倶がやった奸計に「延徳密奏事件」という有名な事件がありまし

た。兼倶は「伊勢神宮から光物（ひかりもの）が吉田神社に到来してきた」と騙ったんです。伊勢神宮のご神体と神器が自分のいる吉田山へやってきた、と。伊勢から風に乗ってやってくるのだから、海も一緒に連れてきたということで、「鴨川の水がしょっぱくなっている」と言ってまわった。それで、夜陰に乗じて塩俵をいっぱい鴨川に埋めておき、その川の水を飲んだら「しょっぱくなっているぞ。これは伊勢から光り物が到来した証拠だ」とやったわけです。

南　そこまでやったんですか。それが、記録に残っているんですか？

鎌田　残っているんですよ。そんなのバレバレでしょうけれども、応仁の乱や文明の乱があり、京都が敵味方に分かれたあの時代には、そこまでして超越的なものを作り、権威を立て直さざるを得ない状況だったんです。

南　なるほど。それは危機の時代にどう対応するかという点では、非常に切実な動きでもありますね。

転換期を越えていくための思想

南　ところで、後醍醐天皇について、彼の妙な肖像が残っていますね。

鎌田　ありますね、密教のね。

南　それです。つまりあの人も、自分の立場を根拠づけるために、それまでの神道を改造するか捨てて、密教でやり直そうとしたのではないかと思えるのですが。

鎌田　密教灌頂（かんじょう）ですね。

南　その時には神道には手を付けずに密教を輸入したのでしょうが、さきほどおっしゃったように、転換期に敏感に反応することができる人物は非常に深い反省能力を持っていて、ある種の思想家だと思うんです。後醍醐天皇も今の平成の天皇も、そして昭和天皇もそう位置づけることができます。今の天皇もただ単純に被災地への慰問をしているわけではなく、象徴なる概念をどうやって基礎づけるかということに苦闘している人だと思います。

鎌田　そう思いますね。

南　これまでのように、血の系譜だけでは済む状態ではないと思っているかと。不思議だと思ったのは、即位の時に「憲法を守る」と宣言したことです。するとつまり、象徴の根拠は国民の総意に基づくということになります。しかし、憲法の内部には国民の総意をどう確かめるかが一言も書かれていないんです。そうなると非常に危ういですから、それまでの天皇の地位を改めて憲法の内部に位置づけ、憲法が通じている限りは総意があるというやり方で、まず地位を保全しようとしたのかと思ったんです。それからもう一つ、しばらく前に、桓武天皇のお母さんは朝鮮半島の人だということを突然言ったことです。

密教灌頂　弟子の頭頂に如来の知恵を象徴する水を注ぎ、仏の位を継承させる密教の儀式。古代のインドの国王即位の儀にならったもの。

後醍醐天皇　一二八八－一三三九。第九六代天皇、鎌倉幕府を滅ぼし天皇と貴族らを中心とした政治（建武の新政）を行った。その後の南北朝時代には南朝の初代天皇となり、北朝の足利氏に対抗した。

鎌田　高野新笠のことですね。

南　その時にすぐ、将来日本が多民族国家になる事を予想しているのかと思いました。

鎌田　もともと日本は多民族国家ですからね。

南　日本が単一民族だというのは神話ですから。要するに、将来、皇太子が外国人と結婚してハイブリッドの天皇が生まれる可能性を考えての発言なのではないかと思ったわけです。多民族国家になっても象徴としての立場を保つとすれば、そうするしかありませんからね。そしてここにきて「生前退位」と。

これらについては、天皇制というものに対する非常に深刻な思想的な反省が加えられているのではないかと思います。また、そんな事になる状況は、昔で言えば鎌倉期、インドでは釈尊の頃とか、ユダヤ－キリスト教の歴史で言えばユダヤ教が民俗宗教から普遍宗教に脱皮する頃と似ているのではないか。あるいは、老子や孔子が出たような中国大陸の春秋戦国時代の頃。現代は、それらに匹敵するような転換期、変革期じゃないかと思います。

鎌田　そう思います。今は、大変革期です。

南　そうすると、これまでのように檀家制度で基礎づけられ、それに安心していた伝統教団は、仏教の持っている超越性について、いま一度考え練って、この転換に対峙していかないといけない。いまはそうした時期ではないかと思います。そして神道も

高野新笠　七二〇頃－七九〇。光仁天皇の后で桓武天皇の生母。祖先が朝鮮半島・百済からの渡来人だったとされている。

また、同じ転換期の中にあり、そこから何らかのアクションが出てくるような気がして仕方がないですね。

鎌田　アクションが出てくるとしたら、私のような、神社本庁と一番敵対しているような人間が出てきたこと自体が、その予兆的な出来事だと思いますね。

南　そう思います（笑）。

新たな仏教の必要性

南　先生は私より少し年上でいらっしゃいますが、大体、われわれの世代は恐らく、波風を立てても変革し切って終わることはないと思います。問題は、次の世代あたりからです。これまでのやり方で社会と対峙しても、明らかにダメだと思いますね。一方、私みたいなタイプはもし一〇年早かったら、絶対にダメだったと思いますね。

鎌田　どういう意味ですか？

南　まず受け入れられていないと思います。戦うというよりも、ただ無視されたと思います。曹洞宗はいいところで、道元禅師は難しすぎて誰にもわからないですから、正統教義が立たないわけです。つまり異安心がない。とにかく、お釈迦様と道元禅師と瑩山禅師、それに本山の貫首禅師を誹謗中傷しなければ、あとは何を言っても自由なんです。だから『正法眼蔵』の解釈は右派から左派までぐちゃぐちゃです。だから

異安心　宗祖の説いた教えとは異なる見解、異義、異端の信仰。特に、浄土真宗の親鸞の説いた安心（あんじん）とは異なる異端の説のこと。

こそ、私が何を言っても「南はとっぱずれているけど、まあいいや」となるわけです。

鎌田 それくらい寛容なんですね。

南 寛容というより、わからないんですよ。『正法眼蔵』の正しい解釈とは何かということについても、これが決定版だと言える人が誰もいないんです。

鎌田 正統というものがない？

南 宗派が分裂しないのは、組織としてものすごくゆるいからです。喩え話ですが、荷物が軽いと自分で担げると思う人間がいっぱいになり、みんなが分裂していきます。逆に荷物が重すぎるとみんなが寄り集まって分け持つので、誰が担いでいるかもわからない。だから単宗派としてゆるくまとまることができるんです。何派、何派というのがない。曹洞宗がまとまっているのは、「自分勝手に言っていてもいいよ」というところがあるからです。しかし、これも一〇年から二〇年前だったら、はじかれはしないまでも、完全に無視されたでしょうね。ところが今は、研修会で教団の構造を批判したり、「釈尊と道元と自分との関係をもう一度しっかり見定めてものを言わないとだめだ」と話したりすると、やっぱり四〇代の人たちが極めて敏感に反応するんですよ。

鎌田 四〇代以下ね。

南 五〇代以上は無視して話をしますよ。「五〇代以上の人には聞いてもらったって意味がない。五〇代以上の人はこれで逃げ切り世代だから深刻にものは考えなくてもいい。団塊の世代が歩いた後にはぺんぺん草も生えてない」と言います。

鎌田　まさに、その通りですね。

南　だから、四〇代以下の人たちには「今後の荒波を越えていくのは、あんたたちだけなんだから、俺はあんたたちに言うんだよ」と伝えます。最近特徴的なのは、よく他宗派の研修会に呼ばれるようになったことです。なぜ私なんかを呼ぶのか尋ねると、「あなたみたいなことを言う人が、他にいないから」と言うんですよ。

鎌田　南さん以外は、仏教の原理的な部分を徹底的に問うてないということですよね。

南　そうなんですかね。どうもそれで、私の講演テープが隠密裏に出回っているらしい（笑）。皆さん、私が曹洞宗の青年会や現職研修会でしゃべった話を知っているので、なぜ知っているのか訊いたら、テープを聞かせてもらった、と。

それで私は、自分が話すことは、檀家制度でやっている教団だったら全部ほぼ同じで当てはまると思いました。教団の構造が同じですから。「私は曹洞宗の事しか知らないから、曹洞宗の事について話すから、それが参考になるなら聞いて下さい」と言うのですが、どの教団でも、ほぼ同じ問題を抱えている。

鎌田　コミュニティー仏教ですからね。

南　そう。いま抱えている問題、つまり、僧侶の立場、僧侶と教義との関係、後継者減少の問題、布教の現実などが、ほぼ全部一緒ですよ。

鎌田　その通りでしょう。

南　二〇代・三〇代は、うすうす「このままで大丈夫かなあ」と思っている。もう彼らにとっては、檀家が劇的に減っていくのが現実ですから、特に地方の寺にとっては深刻です。そうするととても不安になります。それで自分のところがヤバいと思っていても、この世界では老師や先人は絶対的存在のようになっていますから、周りの指導者や先輩たちに対してその思いを公に口にできない。そこへきて、冒頭から「六〇歳以上には関係ない」と言い「このまんまじゃダメだ！」と大声で叫ぶ人間が出てきたとなれば、話を聞きたいと思うらしいです。

先ほどから話しているように、社会が構造的に変革しているとすれば、そこには時代の共通した問題、テーマがあるわけです。すると今は恐らく鎌倉時代以来、初めて超越と実存の関係が鋭角的に現れた時代だろうと思います。それに比べると、明治維新、あるいは戦後などというのは、変革期には数えられないですよ。明治維新も戦後も、基本的には「日本」という理念と共同体を作る様式が変わっていませんから。

鎌田　崩れていないですね。

南　崩れていないです。

鎌田　一番崩れた時代は、慈円の時代ですね。道理がなくなった、道理が通らない、そんな時代にまず出てくるのが『平家物語』です。物語はそこで現れます。物語は必要なんです。世の中が崩れ、そして死者がいっぱい出る中世のその頃、『方丈記』や『徒然草』などが出ますね。『方丈記』の中には、四条河原に四万二千三百人余りの死体がごろごろ転がっていて、仁和寺の阿闍梨（あじゃり）が一体一体の前に行って額に梵字を書き供養した、と書いてあります。日常の中にそんな状態が生じてくるのは、あの時代でないとない。当時は、疾病・津波・地震・災害も多かったし戦乱も多かった。もう、あらゆるものが今までのコミュニティーを崩し、関係を崩していった。

南　いま名前が出てきたので、いみじくも思うのですが、『方丈記』や『平家物語』などの物語や記述は、あの時代を象徴する重要な書物ですが、あれは一つは物語であり、もう一つは、思想性はありますが、現象の記述の書なんです。

鎌田　ええ、出来事の記録であり羅列ですね。

南　しかし『愚管抄』には、あの時代状況を構造としてつかもうとする意思があるんですよ。

鎌田　パースペクティヴがありますね。

『愚管抄』――時代を見つめるまなざし

南　『愚管抄』を読んだ時に思ったのは、『方丈記』とも『平家物語』とも違うという

慈円　一一五五－一二二五。鎌倉時代初期の天台宗の僧侶。関白藤原忠通の子、九条兼実の弟。四度、天台座主を務める。『愚管抄』の著者。

愚管抄　乱世に「道理」はあるかという問いを軸にして日本の歴史を叙述し、承久の乱の直前に成立した全七巻の史論書。著者は天台宗の僧侶、慈円。

ことです。

鎌田　そこには哲学がある。

南　そう、あるんです。つまり、状況をその現実から離れた超越的な視点で見渡そうとする意思がある。それが彼なりの仏教の視点だったのかもしれません。

　超越と実存の関係を自分なりに思想的に確定しているわけではないけれども、歴史を語ろうとする、あるいはその変化を語ろうとするには、変化しない何かとの接点を持たない限り、変化は書けない。だから『愚管抄』というのは極めて思想的で、ある種哲学書的だと思います。鎌倉時代の特異な書物だと思いましたね。

鎌田　慈円は、藤原摂関家の九条兼実（くじょうかねざね）の弟で、また、親鸞が出家した時に親鸞の師匠になった人と言われています。慈円はその頃、天台宗寺院の青蓮院（しょうれんいん）にいたんですが、その慈円は、なんと四回も天台座主（ざす）を務めています。歴史上、生涯のうちに四回も座主をやった人は他に誰もいません。なぜそうなったかというのは、政権交代によって世相が変転したからです。慈円に近い人が太政大臣や要職に就いたら、比叡山延暦寺のトップに返り咲き、務め終えたら、また別のタイミングで要請され、生涯に四回も座主を務めた。

南　一度じゃないんですね。

鎌田　そういう立場から、慈円は、一方に天皇家である上皇がいて、自分は藤原摂関家で、もう一方には武士、源氏がいて、その源氏も滅び、そして北条氏の世になっていくという移り変わりを俯瞰することになった。これを比叡山の上から四回も座主をやりながら見ていると、世の中の道理は一体どうなっているのかと考えざるを得ない。もし彼が比叡山にいなかったならば、もっと地上の軸で、法然のように、救いといったことを考えたかもしれません。しかし摂関家のお偉いさんの生まれで、貴族の最高の位の世界にいて、著名な歌人で、なおかつ座主を務めていたら、世界を上から見るしかないですよね。

南　ごもっとも。

鎌田　それは、空間的にも時間的にもそうです。藤原氏の祖先と天皇家が密約を交わし、それがそれまでの歴史の一つの座標軸だった。ところがこの座標軸つまり摂関と天皇との関係が崩れてしまい、そこに武士という新しい勢力が登場してきた。そんな道理のなくなった時代にも、システムや構造のようなものはある。

その構造の中であらためて、それまであった密約を生かしていくためには、「公武合体」をしないといけない。そして、公武合体するということは、藤原氏の子孫が将軍になるということだと考えたわけです。彼は、自分の甥などが将軍になることを目論む一人だったので、後鳥羽上皇が北条政権と戦うことに大反対する一つの論点整理として、『愚管抄』ができたと言われています。

南　ひとつ教えていただきたいのは、慈円が考えた「道理」というのは、一体何を言っているんですか。

鎌田　まず一つは約束です。中臣・藤原氏の祖先の天児屋根命と天照大御神によって交わされた天孫降臨時の約束。

南　なるほど。

鎌田　つまり、藤原氏と天皇家の祖先が『古事記』や『日本書紀』の中に描かれていて、その後の王位が続いているわけですが、その天皇位を補佐する形で、中臣氏、藤原氏が続いてきたわけです。その構造が、百代続くと考えてきた。だけど、武者が出てきて第七十七代の後白河天皇の時代から切り替わっていく。そして、かつての約束と構造が崩れていく。

南　先生が今おっしゃったことは、道理として『愚管抄』に出てくるんですか？

鎌田　まあ、それに近いもの言いは出てきます。

南　私が聞いていると、先生が読み取ったという感じがします。

鎌田　構造は、そうなんですよ。つまり慈円は、自分は藤原氏の一族だと考えていて、彼が守ろうとしたのは、はっきり言って、比叡山つまり仏法ではないんです。そうではなくて王法、つまり世俗の法律や慣習、日本社会の構造、もっと切実には藤原家、自分の出自の九条家を守ろうとしたわけですよ。

南　いま非常によくわかりました。慈円の考えは、どうも仏教的なくくりではないんですよね。

鎌田　ところが、彼の弟子たちは仏教なんです。法然も、親鸞も。つまり、彼らが始めたのは、新しい仏教なんです。つまり、日本の仏教、国家仏教を体現した最後の人物が慈円なんです。

南　なるほど、よくわかりました。

鎌田　その最後の人物が、いたちの最後っ屁で『愚管抄』を出す。それも謙遜で。愚かなる見方だけれども、この時代の移り行きを自分が比叡山から眺めていくとこういうふうに見えるよ、と。もはや道理はなくなった、そして怨霊が跋扈し、末世の破滅に向かっている、と。

今の恐山もそうですが、死者の霊が自分たちの世界を再編化し、構造化していく。武者の世になり、戦争でたくさん死んでいくのは大変なことです。だから慈円が中心になって、怨霊の総元締めである天神さんなどをちゃんと祀り直したんですよ。

南　そうするとやっぱり、慈円という人はある意味で神道を超越論化した人ですね。

鎌田　けっして成功はしていませんが。

南　でも、狙っているのはそこですよね。

鎌田　もちろん建前としては、自身は仏者です。ですが一番守ろうとしたのは藤原氏で、その藤原氏が守ってきたのは、天皇です。天皇と藤原氏を神々の系譜に位置づけ、天照大御神（あまてらすおおみかみ）と天児屋根命（あめのこやねのみこと）の精神を守ろうとしたんですよ。

南　慈円は、そこから世の中、ひとの実存を見ている、と。

鎌田　そうです。しかし、むき出しの実存ではない。

南　そうですね。あの時代は、まだむき出しまでいかないですね。法然はむき出しですけどね。

鎌田　本当に「凡夫の自覚」というようなことが、さらに深まってくのはその後です。

南　一神教みたいな理念をぶち込んできたのは、そのあとに続いた法然だけですからね。

鎌田　歴史というのは本当に因縁深いと思うのですが、慈円のお兄さんは九条兼実です。そして九条兼実は、あの乱世、末世に念仏を信仰した。その九条兼実が頼んで法然が書いたものが『選択本願念仏集（せんじゃくほんがんねんぶつしゅう）』なんですよ。ですから慈円は、ものすごく複雑です。

南　ははは（笑）。そうですよねえ。

鎌田　自らが天台座主で天台の教学を代表する人物。そして、実の兄が、異安心というか、全然違う新しい仏教を信仰した。それを目の前で見るわけですから。慈円は比叡山の仏教に危機感を持っていたと思います。一番その時代に危機感を持っていたの

凡夫の自覚　仏教の言葉。煩悩にとらわれ道理を知らぬ人間であるという自覚をもつこと。浄土真宗では特に、凡夫であればこそ阿弥陀仏が救ってくださると信じられている。

『選択本願念仏集』　浄土宗開祖法然が関白九条兼実の要望で一一九八年にまとめた浄土宗の教義書。庶民も「南無阿弥陀仏」と念仏を唱えることで救われると説いた。

は、四回も座主した慈円です。

それで、それまでの貴族たちによって支えられてきたコミュニティーも、コミュニティー仏教もないわけです。そういうものは完全に崩れたし、そもそも存在しない。ところが、崩れたというその状況は理解できても、彼は仏教を自分では刷新できない。比叡山にいて状況が見えながらも、新しいものを支援していく立場でないために、『愚管抄』を出して、天皇にこれからの新しい時代の中で歴史を見る目を持たねばならない、歴史にも段階があるんだよ、ということを伝えようとしたと思います。

実は慈円は、『新古今和歌集』の中で、西行法師に次いで二番目にたくさん歌が選ばれている歌人です。当時の最高の文化人ですね。それで天台座主四回、お兄さんは摂関である九条兼実。

南　サラブレットもサラブレットですね。

鎌田　最高のサラブレット。そしてそのサラブレッドの自分が歴史を見ている。

一つ面白い話があります。源氏と平家の戦いの中で平家が滅んでいった時代に、天皇家の側からすると二位の尼が壇ノ浦で入水した際、安徳天皇が保持していた三種の神器が沈んで失われた。その時、八咫（やた）の鏡と勾玉（まがたま）の二つは引き上げられたが、草薙の剣だけが海底に落ちてなくなった。剣、つまり世界を治める知恵の体系と、剣という権力がなくなったということになるわけです。それらは、一つの秩序を作り出すものですが、慈円は、それを失くしたために、どんどん武者の世になり社会が崩れていくという象徴解釈をしています。『愚管抄』とは別の慈円の書いたものに、そういう話が出てきます。『平家物語』にもそれに近い話が出てきます。つまり慈円は時代の空気や流れや、これから先に何が起こっていくかをよく見抜いていました。

南　慈円からは、とてもそれを感じますね。要するに、彼はどこから世の中を見ているのかなと。道理と言っても、正体が分からない。どうも仏教ではなさそうだし。でも今の話で、よくわかりました。

鎌田　だから、彼のような特異な立場にいたが故に、日本の構造が上から下まで見抜けた。それを理解できた人はその当時も今も少ないと思います。日本の構造を上から下まで筒抜けにするためには、天皇の事と下々の事まで全体が、わからないといけないんですよ。

南　私、『愚管抄』をずっと変な本だと思っていたんですよ。歴史をこれだけ物語にして構造化して見るには、何か超越的なものを持ってなければならず、それは恐らく、道理だろう、と。ところが「道理とは何か」ということを説明している部分がないんです。私は僧侶なので、例えば「縁起」や「無常」がそれに当たるのかと考えたのですが、全然違いました。

鎌田　無常でもないんです。道理は無常ではないんですよ。道理は守るべきもので、一種の「国体護持」思想です。国体というよりも、具体的には天皇家と藤原体制をどう維持するのかということですが、それは『古事記』『日本書紀』の中で神々がもともと約束したことで、時代がそれを守れない状況になってきている中で、それをどうやって守るのか、ということなんです。

そして、そうした構造やシステムが崩れた時代に、伊勢の外宮神道（度会神道）や吉田神道のようなものが出てくるわけです。日本の神々が総崩れになってくる時に、無理やりにでもそれらを「大元」というものにして唯一なる柱を立てなければいけない。そうした彼の意図はしかし、時代が戦国の世になる直前だったこともあり、ほとんど理解されませんでした。いろんなことを仕掛けて、先ほどの、塩俵を鴨川に投げ入れたりするようなことが批判されたりして、政権交代の中で非常に彼の立場は危なかった。しかし吉田家そのものは神道の家元になっており、江戸時代から明治維新まで神道を牛耳って、神道をひとつの大きい柱にしてきたわけですから、たいしたものです。

*九〇頁参照。

いま必要な語り

南　神道にも仏教にも同じ時代的な要請があると思います。仏教にも、二〇〇〇年代に入ってしばらくしてから、例えば玄侑宗久さんや私のような人がものを言い出し

玄侑宗久　一九五六―。禅僧。小説家。二〇〇一年、『中陰の花』で第一二五回芥川賞を受賞。

ました。これまでのお坊さんとは文体の違う話し方をする人間が、ほぼ同時に出始めたんです。

鎌田 それまでの文体とは、どういう形のものですか。

南 いわゆる「ありがたい」や「おかげさま」「ありのまま、そのままで仏さま」のような語り口のことです。これらは、「和を以て貴しとなす」ということとあまり変わらない。釈尊は実存と向き合うといったことを考えていましたが、近年のお坊さんは、それとは関係のない、一種の習俗あるいは共同体の道徳のような物言いをしてきました。これは、口当たりよい仏教、口当たりのよい文体です。

鎌田 密教は結構口当たりのいいところがありますよね。

南 そうですが、例えば法然上人や親鸞聖人、道元禅師の激しい実存に対する話を全部失って、「ありのままでいいんだよ」と……。

鎌田 天台本覚思想じゃないですか。

南 天台本覚思想によって再び丸め込まれたようなものが、ずっと続いてくわけです。その考え方は檀家制度ともなじみがよいですから。お坊さんたちはその延長線上でずっとしゃべってきたけれども、私は永平寺に行ってすぐに、それがもう明らかにダメだとわかりました。「ありのままで結構だ」という教学を前提にすると、例えば部落差別問題など、絶対処理できないものがたくさんあります。

天台本覚思想 天台宗において発展した、生きとし生けるものにはみな悟りの本性、仏性が備わっているとする思想。

この大転換の時代に個々が己の実存と向き合うには、釈尊や道元禅師らの語りに立ち返り、そこからわれわれの時代に対する構えと考え方を組み直していくことが現実的に必要だと思います。私はこれまでの口当たりのよい語り口を変え、そしてそれを聴く人たちが出てきた。するとまた、私と同じような人間がその後にもいっぱい出てくるわけです。その状況が今も続いている。そうなると、この先ひょっとすると超越と実存の問題をもう一回、目の前に据えて考える人間が出てくるし、それが要請されるのではないかと思います。そして当然、そうした人間は神道からも出てくるのではないかと思います。

つまり、地縁血縁の思想を基盤とする神道とは別の、今までのやり方とは全然違う、人間の実存を考える神道です。それこそ吉田兼倶がやったような多少とも無理やり感のある、ある意味非常にストレスフルな方法で神道を語るような斬新な人、結構危ないくらいの鋭い語り口で神道を前面に打ち出すような人が出てくると思いますね。

鎌田　折口信夫は、まさにそうです。折口信夫は戦後、「神道人類教」というようなことを言い出しました。つまり、今までの天皇制のような共同体神道は本来の神道ではなく、本来の神道というものはキリスト教のように一神教的なものなのだと言ったんです。折口自身は内面にそういう部分を持っているんですよ。本来の神道は、これまで言われてきたような多神教のような習俗的なものではなく、みんな一人一人の神

折口信夫　一八八七－一九五三。国文学者、民俗学者、歌人。号、釈迢空。國學院大學国文科卒。國學院大學、慶應義塾大学教授を務めた。歌人としての活動のほか、国文学と民俗学を架橋する学際的研究を行った。主著に『古代研究』、歌集『海やまのあひだ』、小説『死者の書』など。

にしか通じない、というようなことを言った。そうしたことを体系化し普遍化できる人は、神道の歴史や伝統をよく知っていると同時に「自覚者」でなければならないと折口は言ったんです。

南　それはすごいですね。

鎌田　その自覚者が、今言った超越の問題も含めて、「人類教」としての神道を立てる。折口はそのことを予見しているんです。

南　へえーっ。

鎌田　その予見の先陣は、先の吉田兼倶です。二番目は平田篤胤。平田がどのように神道を立て直したかと言うと、ちょうど、民俗コミュニティー仏教をばんばん批判していた南さんが恐山のお寺にやってくるのに似ていますが、彼は吉田家の神道をばんばん批判しながら、吉田家の学頭になりました。平田篤胤は、「幽（かくり）」という概念を前面に出し、それを論理的に説明していくわけです。

神々を辿りなおす

鎌田　このあたりをもう少し説明すると、結局、天皇家は表の神道の一つの系譜です。神々の神道譜からすると、天児屋根命（あめのこやねのみこと）というのがキー神格になるのですが、まず天之御中主神（あめのみなかぬし）が最高の神格にあって、次に高御産巣日（たかみむすび）・神産巣日（かみむすび）という二つの系統に分かれる。言わば伊勢系と出雲系の二つの流れに分かれます。この高御産巣日（たかみむすび）という系統が、「顕」つまり「顕密」の「顕」としてあらわになって出てくる。そのすぐ下に天照大御神（あまてらすおおみかみ）があり、それが天皇になっていく。こうした系列が一つのラインとしてあります。これが顕のラインです。

そしてもう一つは「幽」のラインで、神産巣日（かみむすび）、須佐之男（すさのお）、大国主（おおくにぬし）という出雲系のライン。そこは幽（かくり）という死者の世界、死の世界です。これは神道における一つの死生観で、平田篤胤がその独創的な解釈システムを作ったと言えます。神葬祭というのも、このあたりから始まっています。そしてこの死者の祭祀の世界を支える神は何なのかと言えば、具体的には産土神（うぶすながみ）ということになり、この神が生死を支配していることになります。そしてその産土神様の一番根幹は、大国主神だと。

つまり、出雲の神様が幽（かくり）の世界で、死の世界を支配している。この世界の中に自分たちの一番の生存の根拠を見出し、大和心というものの一番の静まり、安定を確立するために、この観念をカチッと自覚し肝に銘じなければならないと、平田篤胤は言っているんです。

南　なるほど。

鎌田　そして悪神（あくしん）、穢れとか禍津日神（まがつひのかみ）と言われているものは、実は悪ではないのだと。つまり、よきものにリセットしていく大きな働き、直しや結びの力として禍津日（まがつひ）があるという考えですね。『もののけ姫』のシシ神や、『風の谷のナウシカ』でいえば王蟲のようなもの、何かを吸い取って世界を浄化していく存在です。この悪神論を切り替えていく見方を、平田は提示する。神道思想の歴史の中では、こうした思想家・実践家は何人かいて、彼らはいわば幽ないし「陰の神道論」といった系譜の中にあるわけです。

南　そうすると、それらは神道に内在するような超越論的な思想と言ってもよいと？

鎌田　神統譜でいけばそうなりますね。大国主神と、幽の思想をあわせて、神道をどう統合的に考えるかにもよりますが。

南　なるほど。

鎌田　重要なのは、死の世界、死者の世界です。

南　超越論というのは、そこに働きますからね。超越論的な色彩が濃厚だと考えるんですね。『古事記』を読んでいると、確かに系譜が二つに割れます。

鎌田　はい。『平家物語』は源平の合戦で、平家が破れて鎮魂されるわけですが、『古事記』の神々の歴史では出雲が敗れて鎮魂されます。だから『平家物語』と『古事記』は同じ構造で、ともに鎮魂の書なんです。出雲を鎮魂することは、隠れた者、死んだ者、恨みを持って敗退していった者を、あとあと恨まないように、世の中に悪く作用しないようにと鎮めることなんです。

南　怨霊思想みたいなものですね。

鎌田　『古事記』の中では、垂仁天皇の頃に伊勢神宮ができていきます。その伊勢神道、伊勢の神社ができていくときに祟ってくるのが、出雲の神様です。「俺を忘れるな！」と世に現れてくる。それで、出雲の神様をお鎮めするのですが、話としてはこれがなかなか悲劇的で……。

垂仁天皇は第一一代天皇で、その妻が狭穂姫（さほひめ）です。しかし狭穂姫の兄が天皇を虐殺しようと企み、妹が皇后になったので兄は妹に天皇を刺せと言った。狭穂姫は、お兄さんの言いつけのままに天皇を刺そうとするが、どうしてもできず泣いていたら、蛇に襲われる夢を見、その夢の意味を語り始め、兄から言われて天皇を刺そうとしたことを告白し、結局、狭穂姫は兄とともに死んでいくという、とても悲劇的な話です。彼女が兄のもとで火をつけ火宅の中で一緒に死んでいく時に出産する天皇との間の子供が誉津別（ほむつわけ）です。この火の皇子は生まれてからヒゲが生えてくるまで、ひと言ものを言わなかった。でも、鳥が飛んできたので「あお、あお」と言ったので天皇が夢の中でその意味を確かめると、それが出雲の神の祟りだということが分かったので、出雲の神をお参りに行くわけです。出雲にお参りに行ったら、皇子は、ここに祀られている神籬は、出雲の神の何とかである、というようなすごいことをいきなり話し出す。その時に誉津別はそこの村の女性と一夜の契りを結び、なんとその女性は蛇で、誉津別は追いかけてくる蛇に恐れをなして逃げ帰る。

こういう話が『古事記』の中に出てくるのですが、なぜ神々が活動した神代の神話に出てこずに、一〇代、一一代の天皇の時に出てくるのか。

南　そこまで出雲の神の話は引っ張っている、ということですか。

鎌田　はい。日本の歴史というのは切れ目がありません。どうしても、天皇家と共にある部分を構造的に引きずるわけです。それで、時の流れをどのように位置づけ直すかというのは、慈円にとっても大問題だし、吉田神道にとっても日本の神々の系譜というものを、どう位置付けるかが大問題だった。

南　平田篤胤にとっても大問題だった。

鎌田　吉田は、もともと春日大社の方の家なので、中臣・藤原氏の祖神の天児屋根命（あめのこやねのみこと）の伝承、つまり春日系の伝承の裏みたいなものを取っていく。それに対し平田はもっと先祖返りし、天孫の側ではなく出雲の側の神学のようなものから出直しを図る。折口信夫は、平田系のもの、民間信仰の世界をすくいあげながら、そこにもう一つ人類史的な「自覚者」を立てて新しい神道を構想していく。

南　この話は神道の今後の大きなプロブレマティックになると思います。本当に面白いです。神道における超越の問題について、過去にすでにその傾向があるという話は聞いたことがないです。『古事記』にまで遡ってこの問題を掘り下げるというのは大切だと思います。

過去と現在、危機の時代に必要なもの

南　しかし先ほどの『愚管抄』の話[*]は重要ですね。危機の時代には、神道の中に超越性を作り出そうという力学がちゃんと働いているのですね。
　平田篤胤は読んだことがありますが、吉田兼倶についての自分の大誤解は、吉田が「唯一神道」と言う時の「唯一」が、そうと明示されないまでも、天照大御神を指すと思っていた点です。そうではなく、全く新しい自前の理念を作ろうとしていたのですね。

鎌田　だからこそ、あらゆるものに目配りをする必要があった。

南　単純に天照大御神を担ぎ出し、もう一回それを日ノ本大神であるかのように設定するという話とは違う。やはり、ちゃんと読まないといけませんね。

鎌田　要するにこれは、「解釈」か「信仰」か「哲学」か、ということです。つまり、学者は解釈する。宗教家には体験と信仰があります。しかし同時に哲学がなかったら、その体験と信仰とを束ねられないわけです。哲学はものの見方ですから。

南　いいテーマです。これは思想的な課題です。

鎌田　私はずっと『愚管抄』を考えてきましたから。『古事記』から『愚管抄』、吉田、

*九七－一〇五頁を参照。

平田、折口、そして鎌田と。

南　『愚管抄』のお話を聞いて、納得しました。日本の神道の位置づけもわかりました。

鎌田　歴史というのは、いわゆる仏教の縁起と繋がります。縁によって、このように生み出されているんです。その縁の描かれ方が、負の遺産もそうでない遺産も両方、ものすごいものを生み出してしまうんですよ。その中には、先ほどの、むき出しの「裸形の実存」が出てきている。例えば法然、親鸞、道元、日蓮、一遍などです。しかし、その時代に抱えてきた問題を、その後の時代が全部封印してしまった。

南　その通り。丸め込んでしまったんですよね。

鎌田　そして江戸時代の参勤交代の制度のように、勢いを削いで、その思想を無害無臭のようなものにしてしまった。

南　その通りです。それはそれで役割もあったと思いますが、今求められているのは江戸以降の檀家体制の中におさまった仏教の教学でも体制でもなく、鎌倉期に一気にあらわになった問題が現代にもやっぱりあるからこそ、あるいは釈尊の時代にあったような問題が今もあるからこそ、これまでとは別の語り口が受け容れられるようになっていると私も思います。

するると、やはりこの状況からは逃げずに、鎌倉時代並みの真剣さで超越と実存の問題を再検討する必要があると思います。これは、日本社会には馴染みの薄い問題ですが、それでも取り組まないと、新たに自分を物語る作法ができてこないと思いますね。

鎌田　本当に、そうですね。

主体の不安の時代

南　私が永平寺に来た時、坐禅に来る人というのは、なんだかとても焦っているという感じがありました。その後しばらくして、ポストバブルの時代には、とても不安なのだということを感じました。ひとが非常に不安を抱えている。ところが最近思うのは、もう焦りでも不安でもなく、途方に暮れている感じです。本人たちは自覚がないかもしれませんが……。坐禅をしにやってくる人は、何となく「これが不安だ」と言語化できない。ただただ、何だか居心地が悪いんです。日常生活で別に特に苦しい事や悩みがあるわけではない。そうは言うものの、何か知らない不全感というか、何か知らない居心地の悪さみたいなものを訴えます。

また、恐山に来る人もだんだん毛色が変わってきています。団体参拝が激減する一方、個人の参拝客は増えています。その中でも特に目立つのは、若い女性の一人旅と、若い男の三人連れといった人たちです。

鎌田　若い男は三人連れですか。

南　そうです。作家の藤原新也さんが恐山に来た際、最近の恐山の話をしたら、彼は、南米のジャングルでも、パリのシャンゼリゼでも同じで、世界的な傾向だと言ったんです。ここ恐山へはわざわざお金と時間かけないことには来られないわけですが、彼らがここに来るのは「何となく」という感じなんです。何となくで、楽しくて来ているようには見えない。ところが、悩みがあるのかと思うと、大してない。

象徴的だと思ったのは、ある一人の女性です。その女性はバーテンダーだというので、きっと自分で決めた好きな道なのかと思い「やりたいことがやれて良かったですね」と声をかけると、本当に気のなさそうに「まあ……それほどでも」などと言うんです。つまりこの人は、生きている充実感を持っていいはずなのに、そうではない。

鎌田　何年くらい前からですか。パワースポットブームが言われている頃から？　最近は、このタイプが多いです。

南　その辺りからかもしれませんね。平成一〇年あたりからか。ここ一〇年ほどですよ。また、東日本大震災以後、ふらっと一人で訪れる女の人が急に増えました。

鎌田　私がいた京都大学に臨床心理学者の河合隼雄さんの長男の河合俊雄さんがいまして、彼が「父の時代は日本人の不安というか心理問題は対人恐怖症が一番の大きな問題だった」と言っていました。対人恐怖症は関係性の病なので、人との関係の中で人に対する恐怖心のようなものが生まれてきます。しかし二〇〇〇年代くらいから、関係そのものが築けない病が主になってきているということです。これはいわゆる発達障害として区分けされる病だと思うのですが、関係が築けない病だから、そこに対人恐怖はありません。つまり今、対人恐怖症というのはほとんどいない。

南　よくわかります。

鎌田　臨床心理学では、その人の主体が立ち上がってくるようなことがなければ自覚には至らないので、人間関係が生まれないと臨床心理の世界にも入ってこられない。だから関係性を生み出しにくい中で、どのようにして主体の自覚を促すかが、大きな課題になっているわけです。

南　「自己」もしくは「主体」と言ってもいいですが、それを構成する作法が高度経済成長期まではあったと思います。しかしその作法がおかしくなり、現象・症状として現れたのが恐らくオウム真理教事件だったと思います。

鎌田　一九九五年ですね。

南　はい。オウム問題のときに、この社会ではそれまでの自分を作り出す作法というものが完全に奪われ、混乱しているということが、はっきりとわかったと思います。そしてそれ以来、同じ混乱がずっと続いている。しかし主体を構成する方法がわからない今日だからこそ、これまでとは別の語り口のもの言いには大きな意味があります。

オウム真理教事件　一九八八－一九九五年にかけて、麻原彰晃を開祖とする宗教教団・オウム真理教の信者らが、リンチ・監禁・殺害、武器製造などの事件を起こした。特に一九九五年三月二〇日に起きた「地下鉄サリン事件」は東京都内の地下鉄車内で猛毒の神経ガス「サリン」がまかれ、一三人が死亡、約六〇〇〇人が負傷し、日本中を震撼させた。

失われた居場所

南　問題なのは、自分たちの今のありようを口にする時に「居場所がない」と言うことが多いという点です。

鎌田　居場所ね。

南　居場所がないというのは、関係を作り出す場所がないということです。場所は自分のポジション、つまり自分が認められる、自分がいていい場所という意味、つまり先生のおっしゃるように「そこで主体を位置付けられるところ」という意味です。関係が安定していて、他者から承認を得て、他者に承認を送り返せるようなところ。そう感じられる場所が、今の彼らにはない。その原因は、あまりにも粗雑に実存を切り取り、扱う世の中になってしまっているからです。つまり、取引とその効率だけで自分というものがやりとりされてしまっているということです。

鎌田　それはもう実存ではないですよね。

南　実存ではないです。経済原理、経済の論理がその経済の領域でとどまっていればいいのですが、今や実存の全体を侵食しようとしている。例えば、「人材」「個性」「キャラクター」などという言葉は、明らかに売り物の話です。加えて、嫌だと思うのは「あんたの売りは」というような言い方です。

鎌田　就職活動の面接等でも質問されますね。

南　若い人間が「自分の売りは」などと言うわけですよね。一方で「人材」と言い、一方では「売り」と言う。昔には「個性」と言っていたことは、「売れる人材」ということと同じになる。そしてそれが今の「キャラクター」という言葉です。ここまで経済原理が浸透すると、今度はその友人関係も「友人市場における売りは」ということになる。

鎌田　キャラ立ちしないと……。

南　そこにはいられないんですよ。これは苦しいです。ひどい抑圧です。この抑圧が高くなれば高くなるほど、そこで切り捨てられてしまう部分が肥大化していくでしょう。下手すると暴発しかねないですよ。

鎌田　もうすでに、していますよね。

南　そこにコミットしなければならないのが、われわれ仏教者の立場でしょうが、伝統教団は今まで鈍感に過ごしてきましたから、状況にアプローチする方法論を持っていない。そうすると、その方法論というのは、やばい所、つまり新興宗教あるいは占いのようなところから供給されるわけです。

鎌田　霊能者なども。

南　そうです。私がこの先、非常に危ないと思うのは、ヴァーチャルな世界からその方法が供給される可能性があるという点です。

鎌田　それは非常にあります。

南　一見すると関係なさそうなゲームやアニメの中にイデオロギーを滑り込ませる人が出てくると思います。すると、見ている一〇代の若者たちは免疫がないからそのイデオロギーに一気に吸収されていく可能性がある。

鎌田　「新世紀エヴァンゲリオン」が出てきた時、非常にその象徴的な表現だと思いました。一九九五年一〇月からオンエアされていましたが、あとで私も全部見ました。一月に阪神・淡路大震災、三月にはオウムの地下鉄サリン事件がありました。エヴァンゲリオンが放映されたのは、その年の一〇月から半年間です。世の崩壊を経験した、まさに居場所のない一四歳の少年少女たちが主人公です。一四歳といえば、イニシエーションを必要とする境界年代です。阪神・淡路大震災、オウム真理教事件と、立て続けに日本社会が崩壊したと言っていい状況、ストーリーが始まるお膳立てが全部できているようなものです。そこに、空洞化し、空白化した世界の中で、魂のよりどころのない、居場所のない少年少女たちが主人公として登場する。彼らは父や母に捨てられ、見向きもされていないから「自分はここにいていいんだ」とは思えない。そうした主体としての自信などまるでない少年が、高度なシンクロ能力だけは持っていて生物兵器のエヴァンゲリオンに乗れる。そのシンクロ能力を駆使すれば、褒められ

新世紀エヴァンゲリオン　庵野秀明監督によるアニメ作品。一九九五年テレビ放送、一九九七年劇場版映画が公開。地球規模の災害、人類滅亡の危機、謎の敵・使徒と闘う一四歳の少年少女の苦悩などの内面描写や複雑なストーリーが反響を呼び社会現象を巻き起こした。

たり認められたりする。

南　非常に切ない話ですね。

鎌田　今の人たちはそのシンクロ能力があるから、「何かよくわからない」とは言いながらも恐山にもやってくるわけです。ところがどのように、何とシンクロすればいいかが、わからない。そのシンクロの仕方によっては大変危ないです。

南　その通りです。だから私はエヴァンゲリオンを見て、あれは新たな時代の神話になりかねないと思いました。時代と符合しているとは思いませんでしたが……。

鎌田　タイトルがすでに「Neon Genesis EVANGELION」という、すごい名前です。「Neon（新）」「Genesis（創世記）」「Evangelion（福音書）」。新約聖書と旧約聖書を合体してそれをリニューアルするというのですから。これはユダヤ－キリスト教的にも大胆と言える、すごいネーミング。まさに神話なんですよ。

南　なるほど（笑）。私はそこまで考えた事がありませんでしたが、三回見て「これは」と思いました。それと、もうひとつ見たのが「攻殻機動隊」です。あのアニメのメッセージは唯識だと思いました。その次に映画「マトリックス」が出てきました。なるほど、こういうふうに出てくるのだな、と思いましたね。

鎌田　「マトリックス」はグノーシス主義ですよ。

南　そうです。唯識とキリスト教神秘思想なんかを混ぜこぜにして作っていますね。

攻殻機動隊　一九九五年の劇場版アニメ（押井守監督・士郎正宗原作）。電脳化やサイボーグ技術など科学技術が高度化した近未来の日本を舞台に女性サイボーグの主人公率いる公安警察組織の活躍を描く。二〇一七年にはハリウッド映画化されるなど今なお影響が強い。

マトリックス　一九九九年に米国で公開され、シリーズ化した映画。この世界はコンピュータで制御された仮想の現実に過ぎないとの設定や、主演のキアヌ・リーブスによる「精神の鍛錬による現実変革の力の獲得」という格闘シーンが話題となった。

グノーシス主義　一－三世紀にかけて地中海地域に起こった思想運動。グノーシスとは「知識」「認識」を意味するギリシャ語に由来する。人間が自己の悪の自覚から霊的な善へと至り神と合一できるとする善悪二元論を基盤としたグノーシス思想は、神と人間を峻別する正統派キリスト教からは異端とされた。

鎌田　そういうことですね。「スターウォーズ」もそうですから。スターウォーズは英雄神話を紐解いて主人公のイニシエーションが盛り込まれている。

南　そうやって浸透していくのであれば、それを単なる感情の問題とは切り離し、今度は言語化して論理として提示してあげないと、何が物語なのかがはっきりせずにマズいと思ったわけです。一定の論理があるということは、論理の構造があるわけです。われわれの立場だったら絶対正しい論理などはないわけですから、ある論理がどういう条件で成り立つのかということを提示してあげないと、そうした物語や作品に吸収されてしまいます。

鎌田　怖いですね。変にシンクロしますからね。

南　オウムみたいに。まさに「吸収」されてしまう。まったく変な話ですが、主体として自分を根拠づけようと思ったにもかかわらず、その自分が吸収されてなくなってしまう、という構造になりかねない。

鎌田　もう、かなり危ないところまで来ていますよね。

南　危ない。だとするならば、従来持っている神社の中にある論理の構造を提示し、この論理がどの条件で何を目的として成り立っているのかを提示していかないといけないわけです。

鎌田　仏教は際立って、そこのところを明示的に提示していますね。

南　はい。仏教は「ブレーキのきいた教え」です。ところが時々、ブレーキを外す人、あるいはブレーキかけすぎると受けが悪いから、ブレーキを緩めてアクセルを踏み込む人がいるんです。

鎌田　例えば、誰が、どういう論理でブレーキを緩めると？

南　まずは空海、密教です。要は、「絶対的な真理があるんだ」ということを前提にものを言うと、ブレーキを甘くしがちなんですよ。

鎌田　なるほど。無常論から外れ外れて、実在論に行っちゃうと。

南　その通りです。それがもう、上座部仏教からしてそうです。仏教史の中でも、無常と無我とか縁起などから外れ、裏から超越理念を導きこむやり方がありました。

ところで、日本は島国で相対的に小さくまとまりますから、地縁血縁共同体で社会構造を作ることができる稀有なところです。

鎌田　それで社会は安定しますからね。

南　しかしそれは近代までです。一般に地縁血縁共同体と言えばアマゾンの奥地や太平洋の小さな島国でしか通用しないのに、なんと日本は一億人以上の地縁血縁共同体国家ですからね。本当に稀有なところですよ。最後の封建制度社会です。アニメ「サザエさん」がいまだに一〇％の視聴率がある。あんな家はもうないのに、懐かしいんでしょうね。映画「ＡＬＷＡＹＳ　三丁目の夕日」と一緒です。

そんな精神では超越理念など正直言って要りません。すると、『古事記』的な世界観を換骨奪胎して、いわゆる「ありのままでいい」とか地縁血縁で安定したこの共同体のありようこそがベストであって、古くから言われてきた「和を以て貴しとする」というイデオロギーに奉仕する自分、そしてそうした人たちが構成する社会へと、結局はこの世界が組み替えられてしまいます。それが天台本覚思想だと思うのですが。でもこれが立ち行かないとなれば、また話は違う。

真理のありか

鎌田 私はしかし、天台本覚思想を評価しています。今、京都に住んでいて、これまでに比叡山を四二〇回くらい上り下りしていますが、私は、天台本覚思想が生まれてきた背景は天台回峰行ではないかと思っています。千日回峰行をやったら、そりゃ、見えてきますよ。

南 そりゃそうだ（笑）。

鎌田 草花が生きている、琵琶湖が生きている、太陽の光の中ですべてが生かされている……と。しかし、これは究極の上澄みですから、行（ぎょう）がないとそういうことを言ってはいけない世界です。行のない人がそれを論理としてだけ語ったらダメなんですよ。

南 ダメですね。

天台回峰行 比叡山の山内で行われる、平安時代の天台宗僧侶・相応和尚が始めたとされている仏教・修験の巡拝行の一つ。比叡山の峰々を巡り歩き、山川草木、出会う人々全てに仏性を見出す礼拝行。日常を離れ死の覚悟を示す白の死装束で臨む。七年間、約千日かけて行うため「千日回峰行」とも言われる。

鎌田　行を外してしまったら、もう何をしてもいい、何でもいい、ただそれだけになってしまう。そうなると、そこには実存も何もありません。

南　ない。

鎌田　でも、行者には実存があります。いつでも死ぬという覚悟で匕首（あいくち）を持っているんですから。

南　結局、いわゆる天台本覚思想の書にもありますが、それが最終的には、行がなくても、話を聞いたらそれでいいのだ、という話になってしまう。つまり、ショートカットしてしまっている。行があるなら、まだわかるんです。

鎌田　行があって、はじめて成り立つんですよ。

南　ところが、最後の天台本覚法門としての完成態を見ると、最後は名字即（みょうじそく）で良いと言うんです。私のところには、「悟ったんです」という人がよく来ますが、睡眠と食事を制限すれば、ふつう人間には何かが見えるんです。ですから、「何が見えたか」ではなく、「どういう状況でそれが起こったのか」と、「それを悟りとして語ることの意味は何か」を、また問いかけるわけです。あなたはなぜそれを悟りと言いたいのか、と。

鎌田　哲学がないとダメですね。

南　そうです。要するに体験そのものは意味がない。体験をどのコンテクストに乗せ

匕首　鍔（つば）のない短刀。回峰行の行者らは途中で止めることになれば自刃も覚悟して行に臨んだが、その証しとして懐に匕首を携えた。

名字即　天台宗で説かれた、悟りに至る六段階のうちの一つで、初めて仏の教えを聴いて信仰心を持ち修行に励む者のこと。

るかが、決定的な問題なんです。

文献を調べていくと、お釈迦様の話でも、「私は悟ったけど、悟りとはこういう内容だ」なんて、どこにも書いてありません。つまりわれわれが「悟り」と言うとき、あるいは「何かを悟った」と言ったとき、その基準となるものがお釈迦様の口から語られていない以上、「このへんじゃないだろうか」という話にしかならないわけです。

悟りについてもう一つ言えることは、システムにしない限り悟りにはなりません。なぜなら、それが錯覚ではなく悟りだということを自分以外の誰かに証明してもらわないといけないですから。

鎌田　証明されなければ、その体験、悟りは誰かとは共有できない、と。

南　はい。そもそもお釈迦様がお釈迦様になったのは、悟った時ではありません。別の人に「俺はこう思う」と言い、その人が「わかった」と言った時が、釈尊、ゴータマブッダになった時なんです。それこそが悟りが確定した時だと思います。つまり、他者に共有されないようなことは妄想と変わらないということです。悟りを語るというのは極めて戦略的な事であり、何を悟りとして語るかということで、それぞれ立場が分かれるんですよね。

鎌田　「言語と経験」がまさにそれですね。

南　そうです。そうすると、何が語られたとしても、一体この人間が何を語ろうとしているのか、何を目的として語ろうとしているのか、どんな条件下で語ろうとしているのかなどを吟味しない限り、その人の話は信用できないわけです。

今は、その意味では難しい時代だと思います。いろんな超越がありますから、ストレートに超越を語ったとしても、それが通用するとはとても思えない。「真理はあるかもしれないが複数だ」と言った人もいますが、その通りだと思います。

そうすると、この先は、「自分はこれが正しいと思うが、それはこの条件でこれを狙って語るんだ」と言わないと信用されません。「自分はこの問題にこうアプローチしたいんだ」と言って、真理より先に問いを持ち出す方が態度としては成立するだろうと思っています。

鎌田　哲学はそこから始まっていますね。その問いがなければ話にならない。仏法、仏道もそうですね。

南　そうです。釈尊が言った「無常」は、別に真理でも何でもなく、「困ったなあ」という話ですから。だからその問いが明確に立たないと、つまり問いがアプローチ可能な問題として構成されないと、話にならないんです。そして、その問いを問題として構成する過程で方法が選ばれると思います。仏教なのかキリスト教なのか、神道なのか科学なのか。つまり自分の問いを問題としてまず構成しきることができるかどうかというのが勝負で、いきなり「真理」というのは、ちょっと……。

鎌田　そこまで構成的になれる為には、かなりの修行と知の錬磨が必要となりますね。

南　はい。「不立文字」などと言って、「悟りを開くなら本なんか読むな」と言った禅の師匠もいますが、それは話が違います。道元禅師の話は、そんな単純な話ではありません。不立文字というのは「言語と経験の間を見る為には、一定形式の言語に捕らわれてはダメだ」という意味だと思うんですよ。『正法眼蔵』は何か固定的な真理を語ろうとしているのではなく、ある言語の運動を見せて真理らしきものの在り処を示そうとしている、つまり言葉の限界を言葉で裏切りながら運動させ、その先を見据えようとしている感じがします。ですから、その先に何かがあるというよりも運動そのものの姿を見せていくところがあるんです。ここが、わかりにくいのですが……。

道元と親鸞——実存に向き合った二人

南　ところで、道元と親鸞は非常によく似ていて、実存と超越の関係をもっとも日本的に処理したのはこの二人だと思います。実存をむき出しにした上で、超越を真理として掲げずに処理するにはどうするかという場合、道元は無限に延期した。つまり「成仏はしなければいけないが、成仏しようと修行している姿こそが仏なんだ」と言い、成仏そのものを無限に後退させるわけです。一方、親鸞は、救う・救われるみたいなパラダイムそのものを恐らく信用してないのではないかと思います。しかし、信用していない以上、救いを念仏という行為そのものの中に溶解しようとしたと思うんです。この二人は、超越的なものを実存へと脱落させるという異常な方法をとったんですね。「只管打坐」と「ただ念仏するという行為そのもの」を超越的な実存の仕方として立ち上げようとしたのですが、これはきわめて無理なことをやっていると思います。

親鸞聖人の一番深刻な問題は、女犯をしたことなどではなく、法然上人においてはほぼ論理的必然のように確信していた「救う・救われる・往生する」ということを、信じ切れなかった点だと思います。

鎌田　親鸞は信じ切れなかった、と。

南　そうだと思いますね。親鸞聖人はいわゆる「信じる」ということ自体に懐疑的だったのではないかと感じます。そう思わないと『教行信証』（きょうぎょうしんしょう）の特異さはわからない。

鎌田　しかし親鸞は、法然上人にだまされて地獄に行ってもいいと言っていますね。

南　はい。ですから、賭け・博打です。「そうではないかもしれない」と思うから、博打ができるわけです。競馬と一緒で、必ず勝つと思っていたら博打にはならない。必ず勝つと思ったら理解するだけです。わからないことには、賭けるんですよ。

鎌田　まあ、実存ということは、そこに「ある」ということに賭けるということですが……。

教行信証　鎌倉時代に親鸞（一一七三－一二六三）が著した『顕浄土真実教行証文類』の略称。阿弥陀仏にひたすら願うことで救われるという教えを説いた、全六巻からなる浄土真宗の聖典。

南　そうです。ですから親鸞は面白いこと言っています。「阿弥陀さんが教える本願は、私だけのものだ」というようなことを言うわけです。もう一つは、弟子の唯円が「楽しくない」と言ったら、親鸞が「俺もそうだ」と言う。最後には「だまされたってかまわない」というようなことを言う。この三つを合わせると、親鸞は法然上人を大好きだっただろうなと思います。しかし一方で、法然上人が言ったことをまともに信じられないという苦しみを負っていると思いましたね。そうでなければ、『教行信証』のような、証文（しょうもん）を集めたような書物は書かなかったでしょう。

特に注目すべきは、「五逆」と「謗法」の問題です。「五逆」は父母の殺害など五つの大罪を言い、「謗法」は仏教を謗ることで、これを犯すものは決して往生できない、つまり阿弥陀如来は救わないと、無量寿経には説かれています。これが観無量寿経になると「五逆」は救いの対象とされます。しかし、ここでも「謗法」は除外です。

ところが、涅槃経になると、「謗法」の者も救われると読める記述がある。その部分を親鸞は大量に引用するのです。

鎌田　謗法とは、誹謗中傷するということ？

南　仏教の教えを誹謗中傷するということで、ここが焦点です。もし自分の信心に疑念を持ったまま、信じているふりをして念仏するなら、その行為は謗法に当たる可能性があるでしょう。親鸞は、それを自分の中に見ていたのではないかと思います。し

証文　事実を証明する文書、貸借りや契約の証拠となる文書のこと。

たがって、「信じられない者が救われるのか」ということが、最終的にはメインテーマだったのではないかと思うんです。そうすると、「救われるには信じる」「信じられるから救われる」という関係そのものを、撤廃しなければならないわけです。

だから、親鸞の言う「自然法爾（じねんほうに）」というのは、気分の良い話ではないと思うんですよ。「ありのままで結構だ」というような、浄土真宗のお坊さんが今まで語ってきたことではなく、それは絶望の果てに現れるやり方ではないか。法然上人の「選択本願念仏集*」は、とても見事な論文です。非常に分かりやすく、論理もがっちりしています。

鎌田　極めて明快ですね。京大の大学院の授業で取り上げたことがありますが、明晰でした。九条兼実もさぞかしこれを読んで喜んだでしょう。

南　そうでしょう。まず法然上人は、「大乗仏教はすべての人が成仏できるという教えである」という公理は確信し、受け入れている。この公理を確信してしまうと、そこから導き出される彼の教え、浄土宗の教えは、論理的必然ですよ。三段論法みたいなものです。

鎌田　そうですね。論理ですね。

南　そうすると、彼はその阿弥陀さんも極楽浄土も、それを信仰するというよりも、ただ論理的に結論したんですよね。ところが親鸞さんは、そうじゃない。彼の場合は

自然法爾　法爾とは、あるがままの姿。阿弥陀仏の絶対的な力へ帰依することで人間がそのままの姿で自ずと救いの中にあるという、他力本願を説いた浄土真宗開祖・親鸞の言葉。

＊一〇二頁参照。

実存が問題でした。その実存の問題の核心には性欲があったかもしれませんが、性欲自体が問題なのではなく、性欲と仏教との関係が問題だったと思います。人間の実存のありよう自体を自分に引きつけ、仏教との関わりの中で問うたのが、親鸞だったと思います。そしてそこでは、本当にこんなにダメな自分でも本当に大丈夫なのか、という問いが根本的な問題になります。法然上人は自分を悪人に位置づけた人だと思いますが、親鸞聖人は自分が悪人だという自覚があった人だと思いますね。

鎌田　そこは二人が決定的に違う点なんですね。

南　違うと思います。法然は悪人じゃないですから、善人です。法然上人は、戒律堅固(かいりつけんご)ですし、ああいうタイプの人は恐らく隙を見せない。つまり自分の教えに反対する人がいっぱいいるとなると、人格的に誹謗中傷されないようにするはずです。恐らくガチガチに自分の周りを固め始めます。周りから見れば、自戒堅固(じかいけんご)で抜群に頭の良い、とても立派な和尚さんでないとマズいわけです。

鎌田　そうですね。そうでないと、信用されません。

南　だから悪人であるわけがない。法然も説いた悪人正機説(あくにんしょうきせつ)ですが、その悪人とは人間の実在そのもののことです。ただ彼は、そう主張するにとどまっています。もちろん悪人という言葉の使い方は革命的ですが、実はそれは認識としてそう考えているというだけなんです。ところが親鸞聖人は……。

悪人正機説　『歎異抄』の中で親鸞が説いた、煩悩にとらわれた凡夫、悪人の自覚ある人こそが阿弥陀仏の救いの対象であるという、浄土真宗の教説の一つ。

鎌田　一人の凡夫の「愚禿（ぐとく）親鸞」として実存しちゃった？

南　そう。悪人として実存しているわけです。もはや論理的な必然としては信じられないわけです。親鸞は「謗法の人は救われない」ということと、「全ての人を救う」と説く大乗仏教、あるいは「ありのままの本願で全てが救われる」という教えに対し極めて根深い疑問があり、それに解決をつけるために生涯苦しんだ人だと思います。

鎌田　それは、浄土真宗の人が聞いたらびっくり仰天して、ひっくり返っちゃいますね。しかしこれから先の事を考えていったら、そこのところに突っ込まないとね。

賽の河原に供えられた風車

第4章

生きる世界をつくるもの

鎌田 ここからさらに、経験を語る言葉・言語と、それが形作る思想について話題にしていきたいと思います。キリスト教もイスラーム教も、ともに教典を大切にします。これらは言葉で書かれていて、それによって一〇〇〇年も二〇〇〇年も続いてきたわけです。仏教にも経典があり、そこに仏法が語られているわけですが、そもそも仏教においては、何が語られ続けないといけないんですか。やはり、仏法でしょうか。

南 仏法あるいは教えというものです。教えや思想というのは言葉ですから、誰かが書いて、それからまた誰かが書くか語るかという過程の中で続いていくものですが、結局、超越の問題は超越そのものとしてあるのではなく、実存の中に引き取られ、そこで語り直されて続くことになり、またその際、その言葉や教えは必ず変質します。

ところが、ユダヤ教、キリスト教、イスラーム教では、絶対神とか超越理念が初めからあり、どのようにそれを語ろうが変わらないと考えているところがある。またこれらの教えには、言語に対する深い信頼があります。

鎌田 ユダヤ－キリスト教では、世界が神の言葉で創造されていますからね。

南 仏教の言葉で言えば、それは真言と一緒です。ところが、仏教の根本には言語に対する信頼がない。もっと言えば、言語には限界があるという自覚から、仏教が始まります。結局、教えは語られ書かれてこそ伝わる、それ以外には伝える術がないというとになれば、「絶対の真理」はいかにしても担保できないことになるでしょう。これは、言語がそれ自体として信頼できるかできないかということでもあります。
　思想には、仏教と仏教以外の二種類しかないと私は思っています。そしてこれらを分ける大きな問題は、言語をどう考えるかという点なのです。言語が真理を語り得ると考えるか、または、言語は真理には届かず、言語で語られるものは仮設物、虚構でしかないと考えるか、そのどちらかだと思います。そしてこれが人間の考え方を大きく分ける一つのラインだと思っています。露骨に言うと、ゴータマ・ブッダの教えとそれ以外しか、この世にはないような気がしますね。

鎌田　言語についての不信、言語の限界ということですが、ブッダはどこから掴んでいったのでしょうか。ブッダの経験がそれを要請したんですか？

南　ブッダが出家したわけを語る部分は仏典の中に非常にわずかしかありませんが、有名なのは「四門出遊（しもんしゅつゆう）」の箇所です。老、病、死を見て、最後に聖人を見て出家したという話があります。ところが、この話の原型は「律令」の中にあって、ある時私は考えたと言うんです。例えば老人を見て世の人びとは、「あーやだやだ」と嫌う。自分もいつかは老いるのに、なんと愚かなことだろうと。ところが自身を振り返ってみれば、老人を見て同じように嫌っている。それがなんと愚かなことだろうと思ったら、青春の驕りはなくなったとあります。病に関しても、そして死に対しても同じです。つまり老、病、死に対して、それがただ単に嫌なことというのではなく、老、病、死に対して、ある認識転換が起こるということです。

鎌田　自分の問題として受けとめるということですね。

南　すると今度は、自分の驕りもなくなった。これらは単に生理的に嫌いか好きかという問題ではなく、認識の問題です。この話を読んだ時、この人は一般人とはものの見方が全然違うと思いました。それで、そこから始まった人間が最終的に何を悟ったのかと思ったのですが、それは推定するしかありません。

無明——言語による倒錯

南　私の場合、ブッダが悟りを開いたと言われる以前にやったことと語ったことについて考え、次に悟った後にやったことと考えたことを見て、その中間に「悟り」を位置づけ、両方から攻め、ここを推定しようという方法をとりました。結論を言うと、ブッダが発見したのは「無明（むみょう）」という実存の状況だということです。つまり、これによって人間は苦である、悲惨であるという話。キリスト教の言葉では原罪にあたるものだと思います。「無明」というのは、「認識の間違い」という意味ですから、認識を成立させる言語こそが、この人の言っている無明だと思ったんですよ。

鎌田　無明が、言語であると。

南　はい。犬や猫がジタバタせずに老いて死んでいくのに、人間はこれほどなぜ老いや死を嫌うのかと言うと、その変化を自覚できるからだと思うからです。つまり、ある人間が老いを嫌うということは、老いとして生じている変化を捉えているということです。そしてその「変化を認識する」ということは、その前提として同一性を設定していているということです。若いころから今まで変わらない自分がいると考えない限り、今の「自分の」老いをつらいと思うはずがありません。

　同時にまた、「若い方がいい」という価値観を是とする社会であり、若い方がいいという価値観を自分も無条件に受容しない限りは、そもそも老いはつらいものにはなりません。するとこれは、観念の問題であり、事実の問題ではないと思うわけです。

鎌田　確かに、先住社会では老いの方が尊敬されているわけですからね。長老を敬う文化です。

南　農村型社会の日本では、いつまでたっても若造は下積みで、年長者は長老令みたいなことでガッチリ守られているから軽んじられるわけがない。すると、まず老いによる身体的な機能の低下は、知恵を拝借するという形で補われて当然なんです。もう一つは、精神疾患の人は一種の憑依現象だと読み替えられると思いました。

鎌田　神がかり的なものだと。

南　何かその、ある種の特徴を持ち通常ではない存在になった人間は、共同体の外から何かを持ち込むというふうに解釈されると思ったんです。すると、イデオロギーの操作によっては、老いも病も場合によると違う読み替え方ができるはずなんです。だから、そういう言語あるいは観念をめぐる倒錯を「無明」と呼んでいるのではないかと思いました。

鎌田　そのような観点で無明論を展開している人は、他にはいません。

南　いないと思い、私がやったんですけどね。無明が言語だと断言した人間は、調べた限りではいないですね。

鎌田　社会学者の橋爪大三郎さんが、仏教言語ゲーム論を提示していますね。インドで言えばマントラのように世界を規定し動かすことができる言語がありますが、それが宗教における言語の実在論だと言えます。また、そうした言語の実在論的な考え方に対し、仏教に言及しながら、言語の組み替えと言うのか、ゲームのようなものとして仏教が構築的に考案されているというわけです。ただ、「無明が言語の一番の迷いの元だ」ということまでは指摘していなかったと思いますね。

南　そうですね。私も橋爪さんの本をあとで読んでみて、自分の考えに非常に近いと思ったのは、言語を、真理を語れるものだと考えるのか、そうではないと考えるのかという区別をしているところです。これは、言語を実在論的に捉えるのか否かというう

橋爪大三郎　一九四八-。社会学者。東京工業大学名誉教授。著書に『仏教の言説戦略』（勁草書房、一九八六年）『世界は宗教で動いている』（光文社新書）、『不思議なキリスト教』（講談社現代新書・大澤真幸との共著）など。

考え方とも重なります。しかし、人間の根源にある無明を、単なる欲望とか動物的な欲求という意味ではなくて、言語なのだと断言したものは、知る限りではないですね。

鎌田　革新的な新しい見方だと思います。そして、それを考えることによって、仏教における言語、そして釈迦の説法の仕方が、いかに戦略的に組み立てられていて、かつそれが最初から方便的でもあるという認識にも至りますね。

南　まったくその通りです。方便というのは、ストラテジー（戦略）なんですよ。要は、何を言っても当たらないと知っている。つまり、言語というのは、自分が語ろうとしているものに届かないんですよ、みんな。ある状況下で「この茶碗」と言ったら、そこにいる人間はそれでわかる。しかし別室にいる人はわかりません。どの茶碗に対しても「この茶碗」と言えるんだから。「私」という言葉が自分自身にとっては独特の言葉であったとしても、みんながその「私」という言葉を使うわけですから。

鎌田　コンテクストがないと。

南　そうです。ですから、人が何かを語ること、言語で何かを表現することは、すなわち何かを言い間違えることと一緒なんです。人が語るということは、語り損なうことなんですよ。そこを自覚できるかどうかが、仏教になるかならないのかの境目だと思いますね。

鎌田　言い間違える、語り損ねるなんて、フロイトの精神分析みたいですね。フロイトは言い間違いが持っている精神的なメカニズムに対して、非常に深い洞察をしていますからね。

南　ははは（笑）。「語ることは語り間違えることだ」というのは、実はフロイトから持ってきたんです。私は昔、仏教書を読んでいて、坊さんが書くものに辟易していたんです。つまんなくて。それで横っちょから哲学書なんかを読むと、突然わかる時がある。哲学の本を読んでいる方が、考えの整理に使えることがいっぱいあるなと思い、そのうちにフロイトや精神医学の方にも手を伸ばしました。すると例えば今の言い間違いの話も、仏教のことを理解する際の助けになるわけです。「ああ、言葉や無明というのは簡単なことで、われわれは常に語り間違えるということなんだ」という具合に。

鎌田　確かに、無明は、語り間違えの最大のものに固執してしまうというところにある。

南　もっと言えば、語り間違っていることがわからないんです。

鎌田　そうですね。それが無明、根本無知ですね。

南　そういうようなものとして「無明」を発見したと考えると、仏教のある種の思想的な流れを理解できる時があるわけです。私のやり方が絶対正しいなどとは思いませんが、一つの方法として使えると思いますね。

ロゴスをめぐって

鎌田　そうすると、世界の宗教の中で、最もラディカルな言語批判を持っている哲学、ものの見方が仏教ということになりますね。絶対的な神の言葉、ロゴスを持っている宗教伝統とは真逆ですね。

南　神父さんと対談した時[*]にも、お互いに相手の本を読んでいるからその点で議論が白熱しました。つまり「はじめに言葉ありき」の言葉はラテン語では「ロゴス」ですが、そのロゴスを信頼するのか虚構だと思うのかが思考の分かれ目です。そうすると、真言はどう考えてもロゴスチックです。

鎌田　ロゴスチックというよりも、もうロゴスそのもの、ロゴスを仏教化したものだと言えますね。

南　私が上座部の人から嫌われるのは、上座部の教学はロゴスそのものだと言うからです。あれが無常や無我なんて教えにはならないんですよ。そんなことを言うと、自分たちは釈尊の原典にもとづいてやっているのに、お前は何を言っているんだと叩かれます。やはり大乗の坊さんはしょうがないな、と言われちゃうんです。私は、いま流行っている上座部の教学の要素分割主義は、近代科学以降の考え方と全く一緒で、分割する理性と分割されたものの実在を前提としていると思います。その意味で典型

＊『禅と福音』（春秋社、二〇一六年）。

上座部　釈迦の教えに従い、戒律を守って瞑想修行を重ねていくことをまず第一とする初期仏教のこと。また、その流れを汲む現代の仏教諸派の総称。多くの人を救うことを旨とする大乗仏教に比して、上座部仏教は小乗仏教と呼ばれることがある。

的な実体主義だと思いますね。

鎌田　むしろ積極的に仏教は科学だと言っていますね。私は、仏教はものの見方であり、宗教批判やイデオロギー批判や言語批判を含む哲学だと思いますけども……。

南　仏教は科学、こころの科学だという話をいろんな人から聞きますが、科学も仏教もわからないから、そんなことを言っていると思わざるを得ません。

鎌田　しかし、それが幾つかの仏教に関しても、口当たりのいい、受けのいい語り口ですから。でも、時代の中で受けのいい語り口を生み出し続けること自体は仏教が持っている力ではありませんか？

南　実は、宗教者というのは答えを出すことを求められます。どういうことかというと、需要に応えるということです。すると、答えを出すということは、受けのいいことを言うということになります。ところが、例えばハイデガーの『存在と時間』は書きかけで、一番いいところで止まっている。マルクスも決定的な話まではいってない。ヘーゲルは最後まで書きましたが、その最後まで書いたものは……。

鎌田　つまらないですよ。ヘーゲルの答えじゃ行き止まりですよ。

南　そうなんです。最後まで書いたものを読むと、それが、うそくさいんですよ。

鎌田　うそくさい。絶対的観念論は絶対的にうそくさい。

南　よくできているけれど、うそくさい。ところが、こちらがハッとさせられるものは、全部尻切れトンボなんです。

鎌田　でも、尻切れトンボでもいいんです。

南　ハイデガーを読んでも、結局尻切れトンボ。しかし、そのほうが他の仏教書を読むよりも良さそうだと思いました。そうすると例えば、『正法眼蔵』の「有時（うじ）の巻」と『存在と時間』を比べて、何が違うのかと言えば、「と」の字があるかどうかなんです。つまり存在を時間で説明しようとするか、時間を存在で説明しようとするかという話です。説明する限りにおいては「と」の字がいるわけですよ。

鎌田　分割しているわけですね。

南　ところが『正法眼蔵』は「有時」でして、「と」がありません。そこで何をもってこの時間を知るのか、説明するかと言えば、これはどう考えても「行（ぎょう）」なんです。存在とは行為だと考えると、行為はそれ自体時間ですから。それで、「あーっ」と思った。これで初めて修行ということがわかったんです。人間の実存は行為のことだ、と。そう考えれば、全部読めると思ったんです。それで身心脱落や有時などを突破口にしたら、『正法眼蔵』もある程度まで読めるかもしれない。いける、と思ったのが大学の終わりくらいでした。

鎌田　道元をその時点でそのように読んだ？

南　ハイデガーと道元、その二つ並べてです。有時は行為のことだと考えれば、膨大な書物が短くなる。また、なぜそうなのかがわかると思ったからです。

認識と実存

南　実存は行為だということについて、同じようなことを考えている人はいないかと思ったら、メルロ＝ポンティがいたんです。そこでメルロ＝ポンティを読んでいたら、セザンヌ論が出てくるんですよ。

鎌田　『眼と精神』？『知覚の現象学』？

南　なるほどと思い、図書館で今までの絵画を並べてみました。空間処理の仕方があるような作品をルネサンスの初期から現代画法のものまで並べたとき、ルネサンスとセザンヌとの間に大きなターニングポイントがあると思いました。「間」というか、この間に、遠近法を成立させる存在感というのと、セザンヌを存在させる実存のありようというのは全然違うのではないか、ということを思ったんです。

人間が空間を認識する時には、眼の問題ではなくて世界との関わり方、関係の仕方が変わるのだと思います。主観と客観の二分法というパラダイムで物事を見ることが可能になったのは、数学的な考え方が認識のパラダイムの中に入ってきたからだと思います。つまり演繹的な考え方ですね。

鎌田　しかし、数学、演繹は、古代からあったはずですが。

モーリス・メルロ＝ポンティ　一九〇八－一九六一。フランスの哲学者。身体という視座から人間の主体性について現象学的に考察した。著書に『眼と精神』、『行動の構造』、『知覚の現象学』など。

南　ですが問題は、それを認識全体に適用するかどうかということです。単なる数学というジャンルの中で数の操作ということではなく、数学的な方法、数学的な考え方を、人間がものを認識する方法に持ってきたかどうかということですね。

例えばカントの書物の中に、学問の中に数学的な要素があればあるほど科学的だ、という叙述があります。つまり、こちらで演繹的な論理を組み、仮説を立て、実験して証明するというわけです。先に枠組みを作り、それに当てはめるように対象を操作するというのが科学の根本的な考え方。だからこそ、本来別なものである技術と科学が「科学技術」として結びつくのだろうと思います。科学は根本的に人間の理性によって対象をコントロールするという欲望に基づいている。この過程では、ある対象それ自体と、それを操作する主体としての自己を分けて立てておかないと、科学的な認識にはなりません。

同じことを絵画の空間処理で行うとすれば、まさに遠近法だと思うんです。こんなふうに視線が行くはずだから、ものはこう見えるはずだと。しかしそれはあくまでも極めて限定された条件、つまり全く動かない視点のもとでしか成立しない。

私がずっと不思議だったのは、なぜロケットは計算通りに運航するのかということです。要は、そうなることを前提にしたら、たまたまそうなったということの繰り返しとしか言いようがないと思います。例えば科学だったら、時速五〇キロの車が二時間経ったら一〇〇キロ先に行くというのが当たり前の理屈ですが、しかし現実には、途中で運転手が事故を起こすかもしれないわけです。しかし科学の理論は、そういった状況を全部排除したうえでやるしかない。

鎌田　抽象論理でいいんだ、と。

南　つまり、ある極めて限定された条件を設定して、その中で自分の論理を処理し、相手や対象を操作できるかどうかということで確かめるわけです。そうすると、普遍性があるというのも極めて特殊な条件のもとで言えることでしかないし、そうなると再現可能性のないものに対する科学理論というのは、ほとんど全部神話と同じだと思いました。ビッグバンは再現できないわけですから、ビッグバンに関して何を言ったとしても、それは神話の域を出ないと思いますね。

鎌田　進化論もそうですね。

南　その通りです。再現可能性のないこと、実験できないことに関しては、科学か神話かの区別は無意味です。それらはあまり変わらない。科学と言っても、それが一種の認識の方法だということになれば、科学あるいは数学を方法として認識全般に拡張する条件と構造が整う時代はあっても、その前提だった条件と構造が失われれば、その時代の認識方法は変わっていくとしか言いようがない。

鎌田　近代科学の成立と、近代科学の終焉あるいは変貌ということですね。

南　つまり、近代科学の成立期に対応するのがルネサンスだとするならば、ニュートン力学を改変してアインシュタインが登場し、あるいはデカルト哲学を批判してフッサールやハイデガーが登場したように、遠近法への問いからセザンヌが出てくると考えた方が、いろいろ分かりやすいと思いましたね。*

鎌田　セザンヌが身体というか行為の転換を入れこんで絵画空間を成立させるときに、まさに近代科学技術の粋を集めて造られた蒸気機関が出てくる。蒸気機関車に乗ってサン＝ヴィクトールを通過した彼の認識に、大きな変化が起こった。技術やメディアの発達がわれわれの認識を先に変化させてしまうことがあります。先にロジックがあるのではなく、機関車に乗ったり、眼鏡をかけたりすることで、われわれの認識が変化する。

南　機関車を走らせることで、それに先立つ身体性が変わる、と。セザンヌは、絵画の中で身体性を訴えようとしたのかもしれませんね。

鎌田　先に紹介した『ポール・セザンヌと蒸気鉄道——近代技術による視覚の変容』*は、それに関して非常にヒントになる本です。論点は、われわれの認知の構造そのものがどうやってできているか、できてきたか、ということです。仏教の場合には、修行、瞑想などを通してその認識の仕組みのようなものを組み替えていく。またそこに、言語ゲーム的な戦略も成り立つ。だから、正定（しょうじょう）なしに正見（しょうけん）はない。つまり、正しい

＊一九－二〇頁参照。

＊一六頁参照。

瞑想なしに、正しくものを見ることはできないということですね。

今や正定なしに、「偏見」、いわばヴァーチャルな世界を生み出すことができるわけです。メディアを装着することによって、視覚の変貌、変容をもたらす。パースペクティブも変えられる。メガネひとつかけることで、脳の中にチップを入れることによって、そうしたことができてしまう。そんな事態が進む中で、人間が自己をどのように究明し、死生観や支えになるものを見出していくのか。また、コミュニティーが崩れ、人間関係が希薄になっていく中で、未来の自己を立てて歩いていくとはどういうことなのか。今はそんな課題に向き合う時代だと思います。

実存を成り立たせるもの

南　私は、そうしたことを人間が設計してやるのであれば、みな一緒だと思います。私は人間のやることは信用できないんです。そうではなく、意図しないものがそこに介入してくるかどうかだと思っています。人間の欲望は肥大するし、もっと楽を、もっと便利を求めます。そして、ヴァーチャルは楽しい。便利になれば、物事はさらに効率的に進む。この流れは、一人の人間がダメだと言っても止まりません。実存を実存として保存するもの、あるいはリアルなものをリアルなものとして成り立たせるものが、果たしてこれからもあり得るのかどうかが一番大きな問題だと思います。

鎌田　あり得ると思いますよ。それは、自然だと思います。

南　一つは、そうですね。もっと言うと、自然災害です。もう一つは、「死ぬ」ということです。これら二つが果たして解消できるかどうかです。これは難しいと思います。コンピューターがいくら進化しても人間は死から逃れられない。いくら技術が進んでも、地震を起こさないようにするとか、台風を消すことはできないと思います。

鎌田　できないと思います。いま一番起こる可能性があるものは、大きな気象変動です。一番大きな気象変動は、太陽の黒点の活動によるもの。太陽のフレアが弱くなったら、当然寒冷化していきますね。これは必ず周期的にそうなります。予測のつかない火山の噴火や地震、寒冷現象、気温の低下など、あるいは、海水温度の変化や海面水位の上昇下降なども起こってきますよ。

南　問題は、裸形の実存、つまり人間をむき出しにできるものが残るかどうかなんですよ。私が不安だと思うのは、死は、下手すると回収される可能性がある、ということです。

鎌田　何に回収されてしまうのですか？

南　テクノロジーへ、です。つまり意識や記憶の保存や移し替えの技術開発の可能性はゼロではない。また、移植医療の急速な進展で脳の移植が簡単できるようになったら、金持ちは体を買うと思います。

鎌田　あり得ますね。

南　第三世界などの若くして事故死したような、あまり傷んでない体を買う。また、遺体を流通させる業者が出てくれば、その業者から買った体に脳を移植するなどということの実現の可能性は絶無ではないと思います。

しかし、問題は、死なない人間が現れた時、おそらくその人間は生（せい）、つまり「生きている」ということを実感しなくなると思うということです。そうすると、不死を買える人間と買えない人間との間では、話が通じなくなってくると思います。死なない人間が全てになれば話は別で、そこでは共同的な幻想・現実として死が抹消される。しかし一部が死なず、他が死ぬということになれば、異化作用はまだ残る。経済原理に従えば、不死を買える人間と買えない人間が必ず出てきます。

だから、自然災害と死は、裸形の実存を作り出す可能性があると思っています。この二つがある以上、テクノロジーが作り出す幻想からは、どこかで覚めざるを得ません。つまり、テクノロジーが作り出すものは、リアルにはなりきらないと思うんですよね。

転機としての一九九五年

鎌田　やはり、一九九五年というのは時代の画期となる年でしたね。あの阪神・淡路大震災が淡路島から起こったのは、私にとっては非常に象徴的でした。

南　それはなぜですか。

鎌田　日本の神話では、オノゴロ島でイザナギ・イザナミが国生みをして、最初に淡路島を出産するからです。

南　なるほど（笑）。面白いことをおっしゃる。

鎌田　『古事記』をフィクションではなく「神話」として捉えてみますね。壊れない物語の根源・原型が神話です。日本を語る神話は、淡路島から始まりますね。それで、淡路島から一番壊れるものが生まれた。つまり、震災が起こった。ということは、また国生みをしなければいけないということだ。新しい精神とか生き方とか、新しい形がここで生まれない限りはダメだと、その時ガツンときました。

その次にすぐ、オウム真理教の地下鉄サリン事件が起こりました。私の四四歳の誕生日でした。あの日の明け方、寝ていたら震えてきたんです。朝の四時頃、ぴょんぴょんぴょんぴょん飛び跳ねるほどの震えが突然襲ってきた。そんなこと、生涯一度もなかったし、その一回きりです。ものすごく寒い状態になって身体がガクガク震えました。でもそれも二〇分くらいでおさまった。なぜそうなったのかは、わかりません。こんな話は幻想だ、魔境だと言われるかもしれませんが（笑）。そしてその朝九時前に地下鉄サリン事件が起こった。それを後になって知った時、自分の中で強い問いかけが出てきたんです。この事件を引き起こしている問題、それに対してどう向き合うのか、という。

南　確かにそれは、一つの大きな問題ですね。今、非常に勉強になったのは、神話はそうやって読むのだということです。なるほど、初めてわかりました。

鎌田　神話は、フィクションではないんです。

南　私の方も、何か予感めいたものがありました。大学時代の頃、千葉の友達に「ヨガをやる面白いやつがいるから来てみろ」と言われ、松戸の古ぼけたビルに行ったことがあります。そこには、人がたくさん集まっていました。

鎌田　麻原彰晃ですか。

南　そうです。でもあまりに怪しいので帰りました。もう一つは、私が永平寺に行って三年目くらいで指導僧になっていた時、オウムの信者が来ていたんです。寺の人間が、新入りが変なものを持っていると言うので見たら、それがオウムの本でした。坐禅する布団の中に隠してあったそうで、注意したらその人は「すいません」と言っていました。われわれは道場のルールを守る限り、その修行僧を排除しませんから、その人は一年間いたんです。それから五、六年経ち、東北大学から入ってきた人間に今の話をしたら、「そういうことか！」と言った。何かというと、麻原が講演した最初の大学は、東北大学だったそうですが、その大学でのパフォーマンスの際、師匠と弟子が問答するところを見せたそうです。なんとそのやり方が、永平寺でやる老僧と弟子の禅問答の作法と全く一緒だったとのことです。

要は、当時のオウムはあちこちの宗教の修行施設に人を潜入させ、そのノウハウを学んでいたんです。だから私は、オウムの問題に関しては予感がありました。私の学生時代にオウムの雑誌が店頭に出ていましたが、私はその頃から、リアルな言葉で仏教を語れる人間が出てこないと、この先危険な宗教が出てくると思っていました。自分がずっと考えてきたことを、ちょろちょろと話すと、すごく敏感に反応する人間が出てきたんです。特に、私の少し下の世代です。私がしゃべることに反応するのは、こういうニーズがあるんだな、という感じがしたんですよ。どんなに危険な宗教思想であろうと、刺激的でリアルな言葉でそれが語られれば、そういう言説に免疫のない世代は全部丸のみしかねない、そう思いました。しかし、私が出家した後も、仏教は旧態依然とした言語で語られていて、だから、このままの語り口でやっていると早晩ダメになると思いました。もっと言えば、危険な状態になるから一歩先を行かないと、まずいなと思ったわけです。オウムが危ないというより、リアルな言葉で語る方法を、われわれはまだ用意できていなかったのです。

鎌田　伝統教団がね。

南　そうです。当時、朝日新聞のある新しい雑誌を作る人から声をかけられ、連載を始めた三か月後にオウムの事件が起こりました。
鎌田　それが、一九九五年。
南　連載には事件のことを書きましたが、あの時は「ああ、間に合わなかった」と、ものすごく後悔しました。今なお、私はこの後悔を引きずっています。事件を知った瞬間に思ったのは、「しまった」ということです。

幻想体験と魔

鎌田　私はシャーマニズムの危険や密教の危険、一種の妄想というか、幻想というか、そういうものの中に入り込んでいくことの危険性を言うようになった出来事があります。いかに宇宙と一体になったとしても、それがもたらす様々な問題点を非常に感じたんです。
　時間は少し遡りますが、私は一九八七年に、魔が入るという体験をしました。詳しくは他の本でも書いていますが、その頃、自分の睡眠が何者かに邪魔され操作されるという強迫観念に苛まれていまして。眠りに落ちる瞬間に、脳内で何かがバチーンと、光とともに爆発して目が醒めてしまう状態になり、以来、いっさい眠れなくなりました。
南　すごい話ですね。

鎌田　でも、寝ないと体が持ちません。一睡もできなくなると、四六時中起きて意識を持っていなくちゃいけない。でも、そんな状態なんて保てないんですよ。

南　そうでしょうねえ。

鎌田　休みたくて、何にもない状態を求めるんです。眠りというのは無になりますから。ところがそれができないとなると、本当に頭や身体が血の上るような状態になって、もうパンクするという感じになるわけです。頭が風船玉になって、ちょっとでもつつかれるとパーンと破裂する状態。これが本当に危ない。自分を殺すか人を殺すかという状態になり、生きている感覚がなくなっていくんです。

　これはもともと不安から始まっていて、自分では、その状態がなぜ起こったかがわかっているんですよ。ところがその状態に陥ったら、やはり自分をキープできず、本当に困ってしまい……。その状態を脱却できたのは、毎朝、朝日に向かって大祓詞（おほはらへのことば）をあげたからなんです。ちょうどその頃、國學院大学で神主になるための研修に参加していました。朝から毎日研修に通わないといけないのに眠れない日が続き、本当にクラクラになって何を起こすかわからない状態になった。その時に、自分の中にどのように意識の座標軸を設けたかというと、朝には「朝だ」ということを自分で意識するようにしたのです。

南　すごい（笑）。

鎌田　それで、朝日に向かって「たかまのはらに……」と声を上げる。それを「朝だ」という状態としたわけです。毎朝、朝日に向かってそういう状態にし、そして大学で講習を受けた。その時、最優秀でその講習を修了したんですよ。一睡もしない時期に受けたのに答辞を読まされた。それくらい何かを集中的にやらなければ、とても自分の身が持たないくらいの状態になっていた。本当に、その心の中はもうまさに光のないパンクしそうな状態、一方では資格試験の勉強をしているという状態の中で生きました。

ところで三月二〇日は私の誕生日なのですが、一九八七年の三月二〇日、三六歳の誕生日に、日蓮宗の聖地の七面山（しちめんさん）に登りに行きました。春分と秋分の日には、朝日が昇ってくるのをそこで拝むことができるんです。七面山へ登り、陽の光が差し込んできた。眠れなくなって三九日目でした。

南　すごいですね……生きていられるのか。

鎌田　まだ雪が残る中を登っていった。立正佼成会や日蓮宗の人たちが、「南無妙法蓮華経」と言いながらお参りしているので、私も一緒になって山頂まで行きました。膝上くらいまでずぶずぶ雪に埋まりながら、山頂に着く頃にはもう汗だくになりました。それまでは足元ばかり見ていたのですが、山頂に着いてぱっと上を見上げたら、太陽の光が上の方まで昇ってきていて、なんと丸い円周の虹がかかったんです。虹はふつう半円状で上半分だけです。でも、てっぺんで見ているから、下半分もきれいにわかるわけです。まるでサークル。「こんなん、ありえねー」って感じでした。

これを見た時、自分の中に穴が開きました。パンクしそうな頭の中にちょこっと風が入ったというか、何かが抜けた。それで、「俺は救われた」と思い、涙がブワーッと出てきました。それを機に、一瞬だけですが眠れるようになりました。そこで意識が途切れたから。我を忘れたから。だから、道元の『正法眼蔵』の中に、「自己を習うことは自己を忘るることなり」とありますが、私にとってその一瞬は、忘我状態というか呆然となった状態だったんです。こんなきれいなものを見て、「こんなのあり得ない」という感覚に入った。そう思った時に、我を忘れた。それ以前とそれ以後の連続性が、その時のその瞬間に途切れた。それからは、ほんの少しずつ眠れるようになりました。以来私は、眠れなくなっても平気になったんです。

南　すごい話だ。

鎌田　その後に自分自身を支えた言葉がありました。それはブッダの言葉「スッタニパータ」だった。私は神道の勉強をしていましたが、自分自身を支えてくれた「スッタニパータ」という経典が、自分の中で一番クリアに見えてきたんです。

それまでは密教や空海を結構評価していたのですが、それ以来、密教的なものの危険、シャーマニズム的なものの危険性について言うようになりました。

スッタニパータ　スリランカに伝えられたパーリ語による仏教聖典、経集の一つ。釈迦が直接語った言葉とされている。

それがあったので、オウム真理教が出てきた時にも、危険だと思って、それを少しずつ言ったり書いたりしていたのですが、食い止めることは全くできませんでした。そして誕生日に事件が起こった。だから、自分にとってはオウム真理教事件というのは、人生の縁の中で非常に重たい問いというか、突き刺しになっているんです。

南 そうでしたか。そんな激しい経験はないですが、オウム真理教事件は私にとっても完全にトラウマです。整理がつかない。いまだにダメです。ダメというのはつまり、幼稚な教義があれだけリアルに受け取られてしまったことに対する非常に切ない思いがあるんです。

鎌田 私も理解できないですよ。

むき出しの時代

南 私は、阪神・淡路大震災に対応するものは東日本大震災で、そして、オウム真理教事件に対応するものは原発事故だと思いました。つまり、このオウムと阪神・淡路大震災で、一致団結・経済成長という戦後日本のやり方は、「もうダメだよ」と初めて現実として示されたのだと思うのです。しかし、「いや、でも他がないからまだ何とかこれで使っていけるんじゃないの」ということでやってきたら、本格的に完全に「ダメ」と突きつけたのが東日本大震災と原発事故です。

恐山から見ていて思ったのは、二つの震災を体験した以後の日本人は、それまでとは生きている感覚が違うということです。戦後生まれのように、震災後生まれとして子供たちが育ち、その子たちは映像の上だけだったとしても震災のことをリアルなものとして受け取る。私が強く思うのは、震災を直接・間接に経験した人はみな、どこかで「明日は我が身」と思っているということです。

鎌田　震災の前と後では、絶対に意識が違いますね。

南　もう、自分の立っている地面は絶対大丈夫とか、自分が寄りかかっている社会システムは磐石だなんて思っている人は、ひとりもいないですよ。今までは「無常」の話と言えば桜が散るようなおめでたい話で済んでいたのですが、震災以後は、「自己の存在には根拠がない」という言い方をすると、わかる人間が出てくるわけです。

つまり、これまで私があまり理解されないながらも話してきた、「無常というのは、私が私であるということには根拠が存在しないことだ」ということや、無常や無我というのは「桜が散って儚いなあ」なんて話ではなくて、桜を見て「儚いなあ」と言っているお前が儚いんだよ、という話です。こうしたことを言うと、話を聴いている人たちは震災後、特に非常に敏感に反応します。つまり、恐らく、生きてきて初めて仏教の言葉が身体感覚で一般人も受けとめるようになった時代の始まりが、今なのです。

鎌田　仏教の身体感覚の始まりは、その辺りからかもしれません。阪神・淡路大震災の後、被災地の神戸のいくつかのところをまわって、いろんな人たちに会ったのですが、その時、お坊さんにも、カトリックの神父さんや宮司さんにも会いました。いろいろな宗教施設を訪ねました。そこであるお坊さんがこう言っていました。自分は何とか立て直す事ができると思うが、この状況を体験した子供たちに、どんな影響が現れてくるかわからない、と。

そんなことを言っていたら、二年後に酒鬼薔薇聖斗事件が起こりました。

南　そうですね。

鎌田　それで私は友が丘中学に訪ねて行きました。タンク山でお祈りもしました。自分の子どもが酒鬼薔薇聖斗と同い年だったんです。当時私は、埼玉県大宮市の中学校のPTAの会長をしていましたし、あの事件は、我が家でも、あるいは我が子の時代にも起こり得るものだと思ったわけです。オウム真理教事件でも、もうわかっていた。酒鬼薔薇事件でも突き刺された感じがした。この時に、私は完璧に壊れた。なりふり構っていられるような事ができないな、と。そしてその後、「神道ソングライター」として歌い始めました。

南　それからなんですか。

鎌田　それまで、オウム真理教事件で「何もできなかった」という自責の念もあり悩んでいましたが、正直に言うと、ちょっと自分をかっこよく責めて問題からは逃げて

酒鬼薔薇聖斗事件　神戸連続児童殺傷事件。一九九七年に兵庫県神戸市須磨区で発生した当時一四歳の少年による連続殺傷事件。少年は「酒鬼薔薇聖斗」と名乗っていた。

いるところがありました。でも、もうそんなことを言っているような時代、状況じゃない。まさに、むき出しの実存の時代。その時に、私は清水の舞台から飛び降りるつもりで歌を歌い始めました。

南　人前で歌うなんていうのは、それまでの人生にはないプログラムでしょうからね。

鎌田　想定外でした。でも、その時に身を捨てるような、ジャンプするようなものがなかったら、自分は子供たちに向き合えなかったですよ。それから、宗教を学問としてやっていく事もできなかった。

南　社会の大きな変動が、自分の生き方を変えた、と。ただ、日本人が実存の問題に真に向き合うのは、もう一波瀾、もう一壊れした時でしょうね。

鎌田　私はそれが起こるのはもう、噴火と自然だけだと思っています。

南　もうそれは人間の予定の立つような話ではないと思います。

自意識の解体とリアリティー

南　今、酒鬼薔薇聖斗のことをおっしゃいましたが、私はあの事件の時に、あの人がまともに宗教言語に出会っていたら話は少し変わっていたかなと思っていました。

鎌田　そう思いますね。文学か宗教の言葉に出会っていたら。

南　そうしたら変わっていたでしょう。もう一つ思ったことがありまして、私はどんな年下の奴でも最終的に話は通じると思っていたのですが、ある時に下の世代は全く感覚が違うという感じがしました。永平寺には二〇年間いましたが、「あれ？　こいつとどうやって話したら良いのかな」と思ったことがあります。寺に行ってから一〇年ほどしてから、つまり、二〇〇〇年以降、二〇〇五年前後からですね。「あれ？」と思ったのが、酒鬼薔薇の世代が入ってきた時です。

鎌田　「キレる一七歳」と言われた世代ですね。うちの子が同じ世代なんですが、栃木で女性教師を刺した事件や、秋葉原連続殺傷事件の加藤智大、あの世代ですね。

南　話が通じないと思った世代が入ってきて、なぜだろうと思い、生まれた年を見たら酒鬼薔薇聖斗とピッタリ同じでした。

鎌田　一九八二～三年生まれの世代ですね。

南　なぜこんなに違うのか考えてみたら、生まれた時にファミコンがあった世代なんです。テレビが家に入ってきたのを知っている子どもと、生まれた時にはすでにテレビがあった子どもとは、感覚が違います。これは実感としてわかる。そして、次の分け目がゲーム。つまり、ファミコンを買った、という意識のある子どもと、生まれた時にはファミコンがあったという子どもとでは、感覚が違います。この生まれた時にファミコンがあった最初の世代が、酒鬼薔薇聖斗なんです。そして、もう一つ大きな分け目は、携帯電話です。

鎌田　携帯電話は一九九〇年？　二〇〇〇年頃？

南　バブルの頃にはデカい弁当箱みたいなのはあったんですけど。

鎌田　スマホになってからですか？

南　いえ、携帯電話です。最初のポケットベルの時は笑っていたんです。ところが携帯電話が爆発的に普及して皆が持つようになり、子どもも携帯電話に触るようになったあたりから、人の感覚がまるで違うんですよ。

鎌田　変わりますよ。

南　何というか、「何が本当か」ということをまじめに考える回路、「何が現実で何がそうではないのか」をまともに考える回路がないんですよね。

鎌田　たぶん、身体が変わっているんじゃないかな。身体の感覚とかね。

南　そうなんです。体でわかるとか、身をもって知るという言葉がリアルに感じられる世代は、「経験を積まないとわからない」とか「身を持って知るべきだ」ということがわかりますが、携帯電話が普及した後の世代には、その話が通じません。

鎌田　そうすると、永平寺に入ってきても、様子はだいぶ違いますね。

南　もちろん。だから困りました。どうやってわからせたらいいのかな、と。一回遮断して、身体経験を回復させないとダメだと思ったり。

鎌田　でも、それはオウムみたいなことですよね。

南　その通りです。ですが、遮断はリアリティーを再建するためには必要なんです。問題は、オウムはそこに新たな観念を注入したという点です。つまり、身体感覚を消してくわけです。それで最終的には麻薬かなにかを入れ、そして、教団のあるいは麻原の観念をそこに刷り込むわけです。そのための手段として外の世界からは遮断し、意識を解除する。

　少なくとも私の目指す考え方は、雑念のない澄み切った精神状態の「非思量(ひしりょう)」という土台、観念と自己を無化するような土台があって、われわれの自己と世界はそこに仮設されているに過ぎず、そのことを常に記憶の中に回復するために坐禅という方法がある、ということです。だから例えば、道元禅師の教えを吹き込まれたとしても、それを一回バラせる。それをバラして、その土台まで落とせるんだという事を常に考えないとダメだというのが、私の坐禅観ですね。

鎌田　バラせる坐禅。バラし屋、解体屋ですね（笑）。

南　そうです。道元禅師は「参禅とは坐禅なり」と言い、禅宗という言葉を嫌っていました。見性(けんしょう)という言葉も嫌うわけです。

鎌田　身心脱落(しんじんだつらく)ですからね。

南　何か狙って、どこかに当てようという話は仏教じゃない、と言い続けるわけですよ。要は、坐禅をする最大の意味は、「自意識はバラせる」ということなんです。つ

非思量　禅の実践で重視される、雑念がなく澄み切った心で世界に向き合う状態のこと。

見性　仏教の修行によって、自己に本来備わっているとされる仏性を見極めること。

まり、一定の行動様式を変えれば自意識は解体できる。逆に言えば、ある行動様式によって自意識は組み上げられるということです。

鎌田　遮断によって身体様式を変えればいいんですね。

南　そうです。そうすると、仏様になるというのは仏様のように生きればいいのだ、という話です。そうすると、行為によって実存するという話も筋として通ります。そして坐禅の位置づけも、言語が仮設したに過ぎないものを実在すると思うな、という無明の話とも通じる。そこで私は、そういう物語を組んだんです。

鎌田　只管打坐(しかんたざ)で行ける、と。

南　はい。只管打坐は、ただ黙って坐っていればいいという話ではなく、坐禅が土台なんだという話に転換すればいいと考えたんです。坐禅、坐禅と言いながら、道元は本を書いていたんですよ。また、食事の作法などをずっと言ってきたのだから、ただ坐っていればいいという話ではないと思いました。仏教の土台には坐禅があるということなんです。ところが、土台だけでは意味がない。土台が土台であるためには家を建てて初めて土台ですから。その土台の上にどういう自己を組むのか、というところで次の勝負が始まるんです。坐禅の意味をこのように書き換えると、この話は将来行けると思いました。

鎌田　なるほど。

南　つまり、一回遮断して、そこで坐禅のような身体技法を学んでやってみれば、やりようによって簡単に修練ができ、自意識をバラすことができます。これは誰でもできる。ただ、それを悟りだと言って信じるなどと錯覚してしまうけれども、また「それもバラせるでしょ?」と示す。それで、「それは幻覚に過ぎないんですよ」ということが言える。

鎌田　確かにそうですね。

南　幻覚を見るような状況を坐禅で作れるということが大事なんです。こうして、それは幻覚に過ぎないと説得してくわけですよ。悟りだと言ってもいいし、そう語る人もいるが、私はそう語らない、と。それはただ単に、正常だと言われる自意識がこのやり方で変わるでしょ?　というだけのことなんですよ。

鎌田　そうですね。まさに方便、戦略ですよね。

南　方便、技法なんですよ。こういう言い方をするので、私はとても特殊なお坊さんなんです。

鎌田　いや、それこそ仏教の本筋ですよ。

生きる態度としての「問い」

南　驚いたのは、鎌田先生の体験から出てくるものの考え方や、考え方に対する態度、思想に対する態度のとり方がとても自分と似ているということです。対談する前は話が合わないのではないかと思ったりもしましたが。全然違いました。

鎌田　私の場合、「信仰」ではないんです。「問い」なんですよ。鬼はいるのか、世界の見え方は何なのか。自分の前に現れているものを、そのまま信じていいのか。そういう問いなんです。

南　そうそう！　そこなんです。そうでないと、劇的な経験をされすぎていて、変な方向に行っていてもおかしくないのに、どうしてこんなブレーキの効いた事をやっていらっしゃるのかと思いました。そうしたらやっぱり、ものすごく大きな問いがあったんですね。

鎌田　それに対して中途半端な答えでは全然ダメです。満足できない。

南　ちょっと「何か見えました」程度の話ではダメですよね。

鎌田　そういうものは、言ってみればどうでもいいんです。そういうものからは、いろんな形で物語が生まれる。でも物語ではなくて、そこに起こっている観点というのか、ものの見方そのものの中に何かリアルなものがないかと考えるんです。

南　恐らくわれわれは主題が似ていると思います。そうでなかったら、神道の人と話が合うわけがない。

鎌田　なぜ話が合うかというと、先ほども出てきましたが「言語」と「経験」の間を、その人がどういう問いの中で往還しているかという事を、お互いに大きなテーマとしているからでしょう。

南　そこです。その間を見ることができるかどうかですね。

鎌田　言語と経験との間をどのようにつないでその人が生きているか。これに共感できれば、何教でもいいんですよね。

南　オウム真理教事件、東日本大震災、『愚管抄』などの話題もいろいろ合うところが多くて。特に、『愚管抄』をめぐっては非常に興味深い話が聴けました。たぶん、お互いの問い、あるいは問いに対する態度が近いんですよ。

鎌田　私が最初に美学の話から聞いたのは、そこのところです。なんで美学に行ったのか。そして美学を始めるということが、南さんの中のどういう問いの延長だったのか。それが見えてきました。小さい時からの喘息や、死の経験とその中で考えたことなど、例えば「浮ついたことを言うな」と言われて、より具体的なものへ接続していかなければならないと考えたり、そういうことが今の南さんに繋がっていますから。

南　そうですね。何しろ、一挙に抽象的になったら危険だと思っていましたから。だから具体的なもの、誰でも見えるもの、誰でも経験可能なことを手掛かりにものを言うことを大事にしてきました。

鎌田　一挙に抽象的になることが危険だということは、オウム真理教でもある程度実証されました。阪大や東大で科学を学んでいたエリートが、スッとそこに行く、シンクロしたわけですからね。

南　その通りです。エリートだからああなったんですね。頭ですぐわかってしまうから。

鎌田　だから演繹的な論理や推論で全部出来上がっていきましたね。

南　そうです。一方的で独断的なアイデアを叩き込まれ、そのまま飲んでしまうような人間というのは、とても危ないんですよ。ところが、そう誰かに言われたことを丸呑みするのが信仰だというようなことを言う人がいっぱいいるでしょう。私は友達に「君には信仰がないのか」とさんざん言われました。私は「当たり前だろ」と言うのですが……。そんなものが信仰だったら、私にはそんなものは欠片もない。私にあるのは共感だ、と言ったんです。ブッダや道元禅師に対して「ああ、この人の言う事は確かに自分にもあった」という共感だけが自分の支えだと言ったことがあります。

鎌田　それは私も同感ですね。人類の教師たちと言われている人たちはみんな尊敬すべき先達だと思います。その先達が、自分たちのモデルになるものを道しるべとして残してくれている。その道しるべのガイドラインに沿ってやっていけば、方法的にそういう状態が再現でき、リビルドできる。

南　そこのところを、私は説教で言うんです。「仏教というのは、道しるべにはなるけれども、ゴールにはならない」と。ゴールというのは自分が立ち止ったところで、そこまで歩いていく道標としては使えるが、人が言ったことをゴールだなんて思ってはダメですよ、と。自分で歩いて止まったところしか、ゴールとは言えないですよ。

鎌田　自灯明、法灯明というのは、まさにそういうことですよね。

南　まったくそうなんです。

自灯明・法灯明　「他を灯とすることなく自分を灯としてよりどころとし、また仏法を灯とし他をよりどころとせず生きなさい」と説いた釈迦の遺言の一つ。

第5章

リアルへのまなざし

鎌田　南さんは「坐る」ということから徹底してリアルなものに向き合ってこられましたが、私は、どちらかというと、放浪というのか、「歩く」というところからリアルなものに向き合ってきました。ある種対極的な行動パターンをしていますが、しかし向き合ってきているもの、あるいはその経験の内実を問いかけていくことという点では、共通点もあると思います。

私自身は、宇宙の果てのようなものに非常に小さい時から心ひかれています。私が一番知りたいのは、なぜわれわれは、世界の果てや究極的なるものに畏怖の感情を持ったり、わからないものに飛び込んでいきたいという思いを持つのかということです。死と生の境目もそうですが、そういう極や境界に対して非常な関心を持っています。そのとき、方法論というよりも、本能的に自分は歩いてしまった。歩くということは、何かの場所を行き来するわけなので、具体的にはいろいろな所へ巡っていくということになります。

それで、先にお話ししたように、大学生の時、九州一周をして青島に行きました。[*] それが一つの転機でした。その時、自分の中からあふれ出てくる言葉があった。その言葉は、自分の中から生まれたというよりも自分を通過して弾丸のように貫いていく、

＊六九頁も参照。

火山弾のような、強烈な異物としての言葉でした。それは、私の内部のイマジネーションで生み出したものではなく、向こうから到来してきた流星のような言葉でした。これが一体何なのかということを問いかけていく中で、ついに行き着いたところが恐山だったんです。一番目は青島、二番目が恐山。だから恐山の存在は私の中で非常に大きい。原点、原型です。それは、自分の中では歩くことの極なんです。青島を延長すると久高島（くだかじま）になりますが、恐山は、延長すると日本の民族社会の一番ディープな部分に行き当たる。

南　接触する、と。

鎌田　はい。一つのこの世の果てです。そしてそこにある地獄や極楽は、物語と儀礼の中に深く収蔵されてきた場所です。

　以来、いろいろな所を巡りますが、その次に行った三番目の土地は、私の出身地の阿波・徳島から始まる四国のお遍路さんです。大学三年から四年になるときにお遍路さんをしました。弘法大師空海の、「同行二人（どうぎょうににん）」という教学的な意味づけがお遍路さんにはあり、常に遍路していく者に寄り添っている存在がある。その寄り添っている者とともに八八か所を巡っていく。八八か所の中の一番多い本尊は観音様です。三〇か寺です。次に多いのが薬師如来で二三か寺。そして、三番目に多いのは地蔵菩薩と大日如来の各六か寺です。この四つが多いことからも、民衆が何を求めていたかがよ

久高島　沖縄本島南部に位置する全長三キロ、周囲八キロの細長い島。琉球の創世神話で祖神アマミキヨが最初に創った島として、琉球王国時代から信仰の対象となってきた。女性中心の祭祀「イザイホー」の島としても知られる。

同行二人　西国三十三所観音巡礼、四国八十八箇所巡りなど遍路の旅において、弘法大師・空海と二人連れであるという意味の言葉。お遍路さんの笠に書き付ける語。

くわかるわけですね。

私は、お遍路さんを歩く中で、ここに来る人たちやここを巡ってきた何百年かの歴史の中で人びとが何を求め、何を得てこのプロセスを辿っていたのかを考えさせられました。

その中で、幻覚ではないのですが、坐禅と同様に、いろいろな物語が生まれてきます。そして、そうした物語には霊験があるわけです。霊験にはさまざまな不思議な神秘的な話が付随してきて、この世の出来事やあの世の出来事、死者との対面、そしてこの現実を生きていく上でのさまざまな生のヒントなどの物語が生まれてきます。歩くと四〇日ぐらいかかります。私は遍路の白装束姿で、一番一番般若心経や真言を唱えていく通常のかたちでしたが、ある人は御詠歌を歌ったりして、ただひたすら歩く中で、自分の心身の状態が変化し、調律、調整されていく。すると風景の見え方が変わってくる。もう一つは、人の言葉の入り方が……。

南　変わる。

鎌田　そう、変わってくる。そういう中で、遍路宿などで会う人のいろいろな話が、語っている人の背景を含めて、ワーッと、より親密に深く多方向的に伝わってくるということを経験しました。本当かうそかというよりも、その人が向き合っている現実の中でのリアリティーが、その人の人生や生活を通してあるのだと感じたんです。

それぞれ違いはありますが、人生のヒントや生きる活力のようなもの、お遍路さんを行っている間でつかむものがあるんですね。その中で得た、それぞれの人たちの持っている人生上の意味のようなものは非常に深く突き刺さっていくような、貫いていくものがある。そういったことを感じました。それは、一種の民俗学的フィールドワークの基礎作業のようでもありました。

その後私自身は「歩く」ということを意識するようになり、学問の道に入ったので、より一層その辺りを自覚するようになりました。私の場合、フィールドワークとライフワークが一体になっていて、研究と生活は切り分けられません。研究をしているのか、生きているのか、旅をしているのか、もう混然一体になって仕分けることができない。フィールドワークであるし、今風の言い方をすればアクションリサーチのようなものでもあるし、もっと言えば、ただ個人的な探求でもあるわけです。その個人的な探求という点では、ただひたすら一点に只管打坐の、坐り続けている人の探求と、スタイルや方法論は違うけれども探求して見えてきたものの中にはいくつもの同じ星のかけらを見ているのではないかと思います。

その辺りを、坐ることと歩くこととの対比を通して、まずは確認してみたいですね。

南　非常に面白いお話で、思い当たることも多かったです。例えば、「巡礼」という言葉がありますね。巡礼というのは、巡って歩いているということですから、文字どおりに言えば止まらないということです。禅僧は、坐ることの他に、もう一つ重要な言葉、重要な修行があって、「行雲流水（こううんりゅうすい）」と言います。一所不住、一つの場所にとどまらない、と言うわけです。

私はいろいろな修行道場を転々としたわけではないですが、永平寺だけで修行経験をしたわけではなく、サラリーマン生活から修行僧生活になって、永平寺とは全く性格が違う恐山に移動してきたわけです。それを父親に「おまえ体のいい放浪者だな」と言われたことがあったんですよ（笑）。

鎌田　私と同じですね。

南　恐山に行くと言ったら、父親が「おまえは別にふらふらしているわけじゃないが精神的な放浪者だな」と言ったことがあるんです。禅の問答の中に、「仏さんがいたら速やかに走りすぎろ、いなかったらそこにとどまるな」というのがあります。例えば道元禅師は坐禅の境地を身心脱落（しんじんだつらく）というのですが、これはある意味の「離脱」です。「巡礼」や「行雲流水」というのは、ある一定のところから離脱を続けることだと思うんです。

つまり、仏がいてもいなくても、その場所にはいてはいけないと言ったら、絶対的な真理は肯定しても否定してもダメなわけです。つまり「一定の立場にいてはいけない」ということなんですね。坐禅の場合、身心脱落とは、日常的に構成された自己のありようを、いったんバラして抜けろ、ということだと思います。そうすると、坐ることと歩くことは、行動としては違いますが、宗教的なコンテキストとしては、あまり変わらない気がするんですよ。

私が恐山で一番感じたのは、「開いちゃっている」ということです。つまり、人は何かあるように言うんですが、何かないんです。とても美しい景色だと人は言いますが、観光名所みたいな何かを与えてくれる場所ではなく、むしろあの美しさは人を不安にさせるんです。

鎌田　恐ろしい。不気味。

南　あの風景は人を不安にさせるところがあります。私は、あの風景を美しいという人の中に、ある種の恐れというか不安を感じます。

鎌田　この世にあらざる風景ですね。

南　つまり、行ったところで、住めない場所なんです。

鎌田　本当に。よく住んでいるなと思います。

南　無理して住んでいるわけです。要するに、あそこもとにかくどこか行かなければいけない場所なんですが、あそこから先、一体どこへ行けばいいのか。

鎌田　本当にそうですね。

南　あの不安ですね。あの不安があの景色の根底にあるような気がします。

鎌田　ありますね、確かに。

南　そうすると、例えばかつて四国の巡礼というのは、その昔はハンセン氏病患者が遍路に出る、出ざるを得なくなるという話があったようです。これはある意味、時の共同体が包摂することなく、そこから排除された人間がとる、あるいはとらざるを得ない行動パターンとしても解釈できるでしょう。つまり、そこから自ら出る、あるいは共同体から出される先に、まさに宗教的領域が開けているわけですね。

このかつての過酷な事例が象徴的に示すのは、いわば宗教的な外部性でしょう。超越性とも言えますが、仏教は超越的・形而上学的理念を忌避しますから、むしろ外部性と言うべきで、無常という実存の捉え方がそれに当たると思います。仏教は、この無常という視点から、日常的な自分のあり方や通常の共同体秩序を批判的相対的に考えるわけですが、それを支える具体的でリアルな実践として、瞑想や坐禅といったもの、または巡礼や、例えば山野を跋渉（ばっしょう）するといったような移動などがあり、それは宗教的外部性、あるいは超越とのある種のコミットメントとしての自己離脱の連続のような気がします。

鎌田　面白いですね。実は、私は昨日、比叡山に登ったんですよ。

南　昨日？

鎌田　おとといも比叡山に登りました。歩いてね。私は今まで四二〇回くらい比叡山に登り下りしています。比叡山に登り下りするために京都の一乗寺に住んでいるんですよ。曼殊院というお寺がわりと近いのですが、そこは勅使が行った雲母坂（きららざか）という坂があります。その坂を上って一時間半位かけて行くのですが、山頂のつつじヶ丘というところの途中と山の中腹の二か所にお地蔵さんがあります。山頂のつつじヶ丘は一望が本当にきれいな、まさに浄土みたいなところで全部が見渡せるので、そこに行って般若心経を唱え、お地蔵さんの真言などを唱えてバク転を三回し、天、地、人、四方六方、天地を含めて六方拝をして下りてくるんです。バク転は、天、地、人に捧げる儀式として行っています。

南　文字通りのバク転ですか。

鎌田　はい。私は、お祈りもしますが、お祈りの代わりにバク転も祈りにしているんですよ。

南　できるんですか。

鎌田　六六歳ぐらいになると、命懸けです。命懸けをしないと超えられないんです。

先ほど超越との関係とおっしゃいましたけど、私の中では超越は、具体的にはバク転です。

南 いわゆる身体実践ということですか。

鎌田 はい。坐ることとバク転をすることとは、私の中ではある種一緒です。「離れること」なんですよ。

南 一種の離脱でしょうね。

鎌田 自分が生きているこの重力の世界ではない部分に一回リセットしないと、自分が本当でない感じがする。私は生まれた時へその緒を三巻き首に巻いていたのですが、きっと胎内でバク転やバク宙をしていたんですね。だからもう、私はバク転をしながら生まれてきたと思っているんですが、これが自分の中では必要な行為なんです。

歩くことやバク転も一つの超越の作法だと思います。超越というのは、あるシステムを超えていくということですね。今までわれわれが常識だと思っていた普通の身体のルールや枠を一回違うコンテクストにガツンと……。

南 入れる。

鎌田 そういう踏み越えが超越です。その超越をするときに、神のような超越的な理念によって超越を図るという方法論もあれば、全くそういうようなものなしに無常の中でこの世のシステムから離脱するという構造もあるわけです。カトリックのようなキリスト教と脱神論を含む仏教は、そういう点では対照的だと思います。しかし超越の作法を持っている点では共通していますよね。

とどまらないが、とどまるもの

鎌田　先ほどお遍路さんの話をしましたが、自分自身の人生も一種の遍路だと思うところがあります。私は自分を、「フーテンの寅さん」じゃなくて「フーテンの東(とう)さん」とよく言うのですが、結局、自分は一所不定なんです。この人生も仮の宿、みたいな。一所不定だけれども、一所不定の縁というものがあり、縁起によって定められたコースの道行きをするわけです。その道行きは、ある種仮のものでありながら、具体的な肉体性や関係性を持っている。だから具体的な肉体や関係性をとおして、実現したいもの、実現すべきだと自分が思うことは実現したいんですよ。

私の中で、ある種本能的にそういう生き方を命題にした言葉が二つあって、一つは美しい命題で「惟神(かんながら)」と言います。神のご意思の流れのままに、といった意味です。もう一つは「犬も歩けば棒に当たる」。犬も歩いていて棒に当たった時に、この棒とは何かと思う。当たった時に、「それは一体何か」という問いかけが、その都度起こる。

そのときに先ほどの「仏さんがいたら速やかに走りすぎろ、いなかったらそこにとどまるな」[*]のように、とどまってもとどまらなくてもいい、と私は思っています。というのも、自ずととどまりきれませんから。そこに定着しようとしても、自ずからまた出ていくことになる。そして、とどまりたくなくても何かの縁が固着すると、やっぱりとどまる。例えば、結婚や仕事など、とどまらないと思っても一定程度とどまっていくような縁はあるわけです。しかし、縁もまた切れたり変わったりするわけですから、そういう中で一所不定の超越のようなものを経験してきて、私の中で「犬も歩けば棒に当たる」と「惟神（かんながら）」は、ほぼ同じ意味を持っています。

それをもう一つ明確に言ったのが、私が恐山を知ることになった寺山修司です。高校時代に読んだ寺山修司の本の中で恐山の存在を知りました。そのときに彼が言っていたのは「書を捨てよ、町へ出よう」ということです。つまり、「家出のすすめ」ということですが、私はこれを、その当時から結構本質的だと思っていて、家出は必要だと思った。そして家出をしたいとも思った。しかしそれは寺山修司の天井桟敷に入ることだとは思いませんでした。そうではなく、本当に家というものが何かということを問い、そこから離れて自由になることです。

小さい時からお遍路さんのようなことが好きでしたし、家ということに対する執着も愛着もありませんでしたが、しかし人間が生きていくということは必然的に家をよりどころにはせざるを得ないので、その家とは何か、とその関係性を問うたんです。

＊一七八頁参照。

そうした中で、「書を捨てよ、町へ出よう」というのは、自分の中ではフーテンの生き方だと思った。その都度その都度の仮の縁は結んでいくけれども、本当の縁はもっと計り知れない何物かで、ある種超越に開いた窓口があり、それを飛び越えていく。いつもそういう覚悟や気持ちをどこかに持っていることが必要なんだ。実際に家出をするかしないかではなく、いつでも飛び出ることのできる心、そういうものを持つことが自分の中では生きていくということであり、必要なことではないか、と思った。

今でもよくいろいろな所を歩きますが、歩いていても坐っていても出会う何か、穴のようなもの、それが自分にとって一番大きいリアルなものだと思いました。今、話をしてそれがよく見えてきましたね。

出家と家出

南　今、家出の話をされましたが、あれは逆に返すと出家なんですよね。

鎌田　まさにそうですね。

南　私の所には「出家したい」という人がよく来ますが、彼らの言う「出家」は「家出」に過ぎません。つまり今の自分が嫌というか、そこに居たくないだけ。出家したあと何がしたいのか、僧侶としての覚悟も何にもない。

家出と出家というのは、私にすれば放浪と旅行の違いなんです。

鎌田　放浪と旅行の違い？

南　放浪者は行き先がありません。日記も書けない。恐らくそのうち日付も忘れるでしょう。一方、旅行者には行き先があって行く手段も決まっており、恐らく旅日記が書けます。

出家者は、まず家を自覚しているわけです。ただ嫌というのではない。「いたくない」というのは、そこにとどまりたくないわけではないが、家の何が問題かがわかってから出るわけです。しかも、出るところはもう決まっている。つまりサンガに向かっている。しかし放浪者は違います。ただ何となくで、そこの自己批判はありません。家にいる自己に対しては、漠然としたかなり切迫した嫌な感じはあっても、それを言語化することはできないんです。ともかく出てしまう。それで行き先がない。

出家も家出も、家は出なければいけないのですが、出方は違う。その時に、形而上学的な理念を持つ宗教は、すぐ旅をさせようとします。「次の目的地はここですよ」と。方法論もばっちり決まっていて、乗り物も旅程もほぼ決まっているわけです。仏教もそうと言えばそうですが……例えば坐禅などは、一回家出状態にしてしまい、そしてそれを反復する。つまり、この目的地と旅程に関して常に用心深くないとまずいわけです。

これは私の考え方ですが、初期経典に「みんなが真理を言い立てる」「それぞれの真理しかない」というような言葉があるところを見ると、あるいは、のちの大乗仏教の龍樹などの言い方を見ると、絶対の真理つまり万人共通の目的地と旅程というものは、そうストレートに受け入れるわけにはいかないわけです。

鎌田　ないでしょう、そんなもの。

南　そうです。そうすると、とりあえずブッダを信用して、道元禅師を信用して行くとしても、われわれとしてはむしろ放浪状態というものが土台にあり、しかし放浪しているわけにはいかないから旅程を組んで人生を航海していかなければならない。しかし一方で、これは組まれたものだということを常に自覚していないといけない、という二段構えのような気がします。

だから私は、仏教は「形而上学」であって「形而外学」だという言い方をします。つまり外側があるわけです。要するに、決まったものじゃない外側、それとの関係性を常に意識しながらやっていく、というのを方法的に組み込んでいるのが仏教的なやり方ではないかと思います。例えば永平寺でごりごりでやって、一〇年目くらいに、何もかもわかったような気になっていたのですが、恐山に行くと理屈で処理できないものがいっぱい（笑）。

鎌田　もう理屈がないでしょう？

龍樹　ナーガールジュナ。一五〇－二五〇頃。初期大乗仏教の思想家。あらゆるものは何かとの関係において存在し、それ固有の性質は持たない。すべてのものは関係の中で生成し（＝仏教における「縁起」の考え）、また変容するゆえに、それらは「空」であると説いた。主著は『中論』。

南　どうしていいかわからない人が来るわけです。

鎌田　いっぱいいますね。そういう人しか来ないと言ってもいいぐらい。もう霊験の世界ですからね。

南　その人に「仏教は無常でね」などと言っても、どうしようもないわけです。鎌田先生がおっしゃった通り、彼らは独特のリアリティーを持って生きているでしょう？　そうすると、どこまで自分の持っている理屈を使うのか、それで相手の理屈のどこに乗るのかということを、それまでの理屈をいったん解除して、常に考えなければいけない。それこそ失敗を重ねながら相手との接点を作っていくしかないわけです。かといって私は仏教僧ですから、うそは言えません。イタコさんの話を聞いて感激して泣いている人に向かって「そりゃどうですかね」とは言えないわけですよ。

鎌田　でも、方便は言えるはず。

南　その人にはリアルなものとして聞こえるのだろうと思いますし、イタコさんが言ったことがうそだという根拠は何もないですから、それは一つの、その人たちが共有しているリアリティーとして認めざるを得ないわけです。理屈はともかくとして、とにかく私も出家してとりあえず旅行日程には乗ったんですけども、これが果たしてどれほど有効なのかということには常にペンディングがあるわけです。

　この「ペンディングをかける」というところが、実は仏教の一番大事なことだろうと私は思います。

言語をめぐる転換――詩とメタノイア

南　先ほど伺っていて非常に印象深かったのは、言葉に関するお話です。私がつくづく思うのは、超越性あるいは無常のような形而外的な外部性のようなものは、常に言語に対してものすごく敏感なんですね。形而外学的な仏教の考え方は、われわれが日常扱っている言語を、極めて批判的に見て相対化しようとします。つまり、言語が語っていることには常に限界があり、特に禅は真理そのものを捉えることは決してできないという言い方をするわけです。

ところが、密教もそうですが、形而上的な思想を持っている考え方は、日常言語とは全然別な言語を模索します。

鎌田　絶対言語を。

南　そのとおりです。それはもう古くは真言でしょうし、あるいは念仏もそうでしょうし、聖書の言葉ではロゴスというものですね。必ず、絶対言語、つまり真理をそのままつかみ出すか、真理そのものとしての言語のような、日常の言語とは違う根源的なある種の言語体系を持ち出そうとしますし、それを語らないと形而上学にならないんです。

言語を批判にするにしても、根源的な言語に向かっていくにしても、両方とも言語に対して敏感だということは言えます。巡礼にしても坐禅にしても、ある離脱というのは言語をめぐって考え方を転換するというところに非常に強いかかわりを持つと思います。つまり宗教的な実践は、実は思考や言語を無視するのではなく、思考と言語、意識と言語を独自の視点から徹底的に問い直すことだと思います。そのために宗教的な実践というのは、いろんな工夫をしていると思いましたね。

鎌田 言語の問題は極めて重要なので、もう少し広げて考えていきたいと思います。

私は若い頃に高橋巖（いわお）という美学者に学びました。私の恩師は卒論の指導教授三枝（さえぐさ）充悳（みつよし）という仏教学者、大学院では神道神学者の小野祖教（おのもとのり）と宗教学者の戸田義雄、それと美学者の高橋巖先生の四人です。

高橋先生に学んだ核心的な命題は「悔い改め」です。カトリックでは「懺悔（ざんげ）」、仏教では「懺悔（さんげ）」。この悔い改めを、高橋先生はギリシャ語で「メタノイア」と言っていました。メタ（～を超える）、ノイア（ヌース、精神）。その意味は、これまで自分が感覚的に捉えてきた世界を、メタ、つまり転換せよ、ということです。つまり、悔い改めというのは自分の内面の何か罪のようなものを懺悔して語るということではなく、「感覚を変えよ」ということです。先ほどの「視点を変える」ということに通じていくものなんですね。

高橋巖 一九二八-。神智学のルドルフ・シュタイナー（一八六一-一九二五）を日本に紹介し、一九八五年に日本人智学協会を設立した美学者・哲学者。

メタノイア ギリシャ語で、「人の視座や志に起こる変化」を意味する。ギリシャ語の新約聖書に登場するこの語が、「悔い改め」という日本語に訳された。

それが、いわゆる悔い改めや懺悔の本質であり構造で、悔い改めというのは今の状態を転換するものがなければいけない。悔い改めたときには言語が出てきますが、その言語が今までどおりの言語であったら同じシステム、同じ状態であったら逃れられない。しかし告解することによって、語ることによって、次の転換が起こる。重要なのは「語ること」ではなくて「転換が起こること」だという点です。

その悔い改めというものを、視点や感覚のシステムを転換することとして捉えれば、言語はわれわれの常識的な世界を作っていると同時に、これを壊す働きを持っていることになります。この部分に対してどう自覚的であるか。日本の宗教家の中で最もそれについて自覚的であった二人は、私は空海と道元だと思います。

南　そのとおりだと思いますね。

鎌田　二人とも詩人だから。

南　しかも、結果的に言語に対する態度がまるで違う。

鎌田　そうですね。形而上学を作り上げて絶対言語化していった空海と。

南　形而外学的な道元と。その部分が違いますね。

鎌田　しかし二人とも、最大の詩人です。

南　そう思います。

鎌田　その詩がメタノイアなんですよ。つまり詩的言語というのは、形而上学になってもだめ、そして、日常言語でもだめなんです。

南　だめですね。

鎌田　要するに宗教の言語というのは詩ではない。日常の言語も詩ではありません。詩の言語というのは、それによって、初めてリアルなものがギュっと出てくるようなもの。つまり、よくわからない何かを、常に流動しながら見せてくれるものなんですね。

　ですから空海と道元が詩に対して一番敏感で、それを表現としても見事な表現をしているのが、言語に対する位置づけはある種対極であったとしても、彼らの言語観の、そこに立ち働いている詩的なものの意味や力が持つことに関しては、二人とも非常に共通したものをもっている。

南　非常に近いと思いますね。『正法眼蔵』の中に、言葉の意味、記号と意味の関係みたいなことを説いたところがあるのですが、詩的言語というのは、固定していないんです。

鎌田　多義的で流動しますね。

南　あるいは、音だけを先に発して新しい意味を作るとか、意味を解体して言葉をずらすということが頻繁に行われます。そういうことを語っているんですよね、言語論として。

鎌田　それは『正法眼蔵』の何の章ですか。

南　「有時」の巻だったと思います。非常に面白い言語論を展開しています。私も言語の問題にものすごく自覚的だった最大の思想家が空海と道元だと思っています。おそらく日本の思想史上、突出した感覚を持っていたと思います。

かりそめの「私」

南　先ほど、仏教の懺悔の話がでましたが、普通の仏教の懺悔は、授戒して戒律違反をしたら定期的に皆の中でそれを告白して許されるというものです。つまり、授戒しない限りは懺悔する必要もなければ懺悔する根拠もない。ところが、道元禅師のいわゆる授戒というか出家作法は、いくつか種類があるのですが、中心になっているのは菩薩戒、仏祖正伝菩薩戒法みたいなことを言っているものですが、いきなり懺悔するのが非常に特徴的です。懺悔してから戒が出てくるんです。

鎌田　懺悔が先？

南　そういうところがあるんです。おかしいでしょう？　それで『正法眼蔵』の中で懺悔について具体的に書いてあるところは「渓声山色」だったか……教団のルール違反について言っているのではなく、修行の中で、「ああ、だめだな」というときには昔のブッダを思い出してまた頑張るんだ、その前に自分の至らなさを告白してまた頑張るんだ、ということを言うわけです。つまり、懺悔は個々の条項のルール違反のことを言っているのではなく、自分の実存全体に対する、ある種の「まなざし」なんです。つまり授戒する前に懺悔するということは、それまでの自分を総括して、いったん否定しないとダメなんですね。それが次に飛び込む跳躍板になる。まさにメタという。

鎌田 メタノイアですね。

南 懺悔が先にくるような授戒を説いている大乗経典は、恐らく一つだけあると聞いたことがあります。

鎌田 一つだけ？

南 一つだけ。非常に異例で、上座仏教の教えではあり得ないでしょうね。その大乗経典が何であるかということは、まだきちんと突き止めていないのですが、一つあるはずだとある仏教学者の方に聞いたことがあります。あまりに不思議というか、道元禅師は少し異常だと思ったので、これが根拠のある話かどうかと思い経典の根拠を調べました。それがまだわからないのですが、懺悔つまり悔い改めというのが構造的な人間のありようの転換だということになれば、まさに戒を受ける前に懺悔しろというのは……。

鎌田 当たっていますか。

南　どう見たってそうですね。まず「それまでの自分はダメなんだ」という話にしないと。その「ダメなんだ」ということを見る視点が、懺悔として仏教的に設定されていると思うんですね。ですから、その懺悔を可能にするためにも、巡礼や坐禅などの実践が担保する宗教的な感性というか、ある種の末期の視線のようなもの、つまり、外部に出ちゃう視線というのが必要です。末期の目ではないですが、「そこではないところ」の視線が要ると思います。

恐山では、湖に向かって亡くなった人の名を叫んでいる人が時々います。当然、相手はいないわけです。湖の山の方向に西日が落ちてきますから、あちらが西方極楽浄土だというのですが、要するに「あちら」しかない……そのあちら側の視線で見ることが、恐らくある種の転換や離脱を誘うというか、リアリティーを支えるものだろうと思います。それは人間誰にもあるような気がするんですよ。つまり、どこか心の奥底で、今の自分というのはかりそめにすぎないという、理屈ではない感覚があると思います。

自分の生まれた時、母親の腹から出ることを自覚していないわけです。今いる生まれ落ちたところが家族であるという事実は構造的には母親しか知らないわけで、自分はそれを信じるしかない。最初から自分の存在根拠は理屈ではなくて人の言ったことを信じることでしか始まらないでしょう？

鎌田　そうですね。

南　そういう原初的な不安があるので、離脱するにしても、始まりに向かって離脱していくというか、変な構造になっていくと思います。

鎌田　始まりに向かって離脱している？

南　そういう感じがします。ですから、止まれないわけです。普通は、どこかから出ていくことで始まり、どこかに着いて終わる。ところが、行こうとしているところが始まりのところだという話になると、人間の実存の場合は、行先を失ってしまう。すると起きてくるはずなのが、いつまで経ってもどこにも到達しない、どこにも止まってはいられないという感覚。つまり、どこに止まっても、それは最終的な行き場所ではないような感覚が人間の深層の部分に眠っているのではないか。それが例えば巡礼や行雲流水というような行動のリアリティーを支えているものではないのか、と思うときがあります。

鎌田　今のお話を聞いていろいろなことを考えましたが、妄想には「もらいっ子妄想」と「血統妄想」という二種類があるということを精神医学者の木村敏さんが言っています。血統妄想というのは、例えば自分はどこかの王様の子どもであって高貴な血筋を持っているけれども今は乞食のような生活をしているというような妄想です。

南　折口の貴種流離譚（きしゅりゅうりたん）みたいですね。

鎌田　それも一つ血統妄想ですね。もう一つの「もらいっ子妄想」は、どこかからもらわれてきたという妄想。西洋には血統妄想が多いと言います。つまり超越との関係が、例えば神との関係など、割と垂直方向に立つ。これが王様や高貴な血筋というようなものになっていく。

南　置き換わっている、と。

鎌田　日本の場合は「もらいっ子妄想」が多くて、水平的というか……。

南　投げ出されちゃったみたいな。

鎌田　放り込まれたみたいな感じ。今の話を聞きながら、私たちの実存というのは、どこかそういう妄想、つまり、どこかから自分は来て、今の父母が実の父母ではない、何かもっと違う大きい働きの中に本当の真の父母はいる、というような感覚にも通じるものがあると思いました。

そういう感覚は、どこから生まれてきたのかというと、仏教では父母未生以前や不生不滅などと言いますよね。そういったもののある何かですね。そういった言語を成立させる感覚基盤は、われわれの生命、ＤＮＡの中にはやっぱりどこか仕組まれているように思います。

南　そう、思いますね。

鎌田　そういう実存の中で、しかし私たちは現実に生きているので、鎌田家のヨシミ

貴種流離譚　文学者・民俗学者の折口信夫（一八八七－一九五三）が論じた、日本の説話類型の一つ。もともと高貴な生まれの主人公が漂泊や試練を通して成長し、やがて神や英雄となるという物語の型。

父母未生以前　父や母が生まれる以前のこと。禅宗で、自己の生成以前の境地を指す。

とフミヨの子であるというような固有名を持っている。私はもらいっ子妄想が小さい時からあったのですが、もらいっ子妄想と家出や出家というものは結構結びついているように思います。だから反応するんですね。この家が絶対の家とは思えない。違う家というようなものの中に、自分はスライドしているような。

実存のかたち

鎌田 ここで少しばかり「懺悔」しておきますと、私はパリが大嫌いでした。

南 え？

鎌田 フランスが大嫌いでした。なぜかと言うと、例えば、フランスの現代哲学や現代思想だったり、最新のトレンドのように、スタイルのようにして語る文化がありますね？ フランス通やおフランスかぶれの、そういうスノッブな感覚が本当に大嫌いでした。

南 ありますね（笑）。

鎌田 ドイツ神秘主義の方が全然いいと思っていた。しかしあるときパリに行かなければならなくなった。それは、当時フランスと島薗進さんら日本の研究グループでマージナル（境界、この世の境目）について研究会を組織していて、パリのエッフェル塔の近くの日本文化会館が開館するというので、そこでシンポジウムをやることに

島薗進 一九四八-。宗教学者。上智大学グリーフケア研究所所長、東京大学名誉教授。著書に『日本仏教の社会倫理』（岩波書店）、『国家神道と日本人』（岩波書店）ほか。

なったからです。
私は嫌で嫌で、前日までだだをこねて、初日はもう暗い気持ちでした。しかし、翌朝パリ市内を通って会場まで案内してくれるというので皆でポンヌフの橋を渡ったんです。私はどこへ行ってもホラ貝を吹くので、橋を渡っているときにホラ貝を吹いた……そうしたら吹いた途端、「私はここを知っている！」と思った。「私はここで生まれた！」と。
突然ですよ、今まで「パリなんか大嫌い」と言っていた人間が「ここが私の故郷だ」みたいに転換した。カーッとこう……。

南　わいてきた？

鎌田　それ以来、そこのポンヌフからシテ島の突端に着くと、ホームシックで涙が出てくるんですよ、懐かしい感情で。

南　実際わいて出てくるということですよね。

鎌田　わいて出てきて涙が出てきて止まらないような、何かおセンチな気持ちになる。自分でも本当にびっくり仰天するような転換が起こったんですよね。
懺悔ではありませんが、何か転換が起こった。自分の人生でそういう転換が起こることはあるのですが、でもそれが非常に極端に起こって、大嫌いだったものが一転、「自分がここを知っている」と対極に振れた。その感覚は深く突き刺さってくるような、突き上げてくるようなもので、しばらくその妄想から抜け出すことができなかったので、一つの物語を作りました。私はセーヌの子だという物語です。セーヌ川で生まれたけれども、ここから一寸法師のように流された。大西洋を渡ってどんぶらこ。喜望峰を渡って黒潮に乗って……。

南　で、極東にたどり着いた（笑）。

鎌田　極東の四国の一番東端の阿波徳島県阿南市の橘湾という所に入り、そこから川に入って、桑野川という川で今の親に拾われた、という物語です。四十なんぼになって、そういう物語を作ったんですよ。阿呆ですね、まったく。日本へ帰ってそのことを言ったら、みんなあっけにとられていました。パリが大嫌いだったのに、帰ってきたら「俺はパリで生まれた」と言うものだから。

南　パウロみたいですね。

鎌田　ばかみたい。

南　いや、パウロみたいですよ（笑）。

鎌田　パウロはキリストが自分の中で生きたわけですが……。

南　それまで弾圧していた人間がいきなり、ですから。

鎌田　大事なことはもう一つあって、セーヌは私の中では街の中心ではないんです。セーヌ川の、シテ島とか川岸に立って見たとき、「この世の果て」を感じるんです。

自分にとって重要な聖地あるいは霊場というのがあるとすれば、この世の果ての感覚というものを喚起してくれる場所なんです。ポンヌフの橋で「あ、ここ知ってる！」というのと、この世の果ての感覚というのが私の中では同じなんです。だから、私は果てから来たんですよ。その果ての感覚を強烈に喚起してくれて、それが自分にノスタルジーをこんこんとわき起こしてくれる。私はパリで、特にセーヌ川で、この世の果てを感じます。

鴨川を見てもこの世の果ては全然感じないけれども、セーヌ川に行くとその感覚がある。だから自分にとって大事なのは「この世の果て」なんだと思うわけです。この世の果てとわれわれの今、つまり私たちというのが、どこかで結びついている。

南　交錯する、と。

鎌田　実存というのはその関係です。それを固着すると宗教になり形而上学になるけれども、しかしそういう感覚というのは、われわれのいろいろなところを突き動かしていく一種の原動力じゃないかと思います。

南　先ほどおっしゃった、もらいっ子妄想と血統妄想は、私に言わせると、何らかの根源的な欠如というか欠落の感覚なんです。

私が坐禅以外で大きな意識変容を起こしたのは、小学校の低学年の頃です。ぜんそくがひどくなって、アレルギーの体質改善の注射しなければならず週一、二回必ず通院しないといけなかった。母親が熱心に連れていってくれて結果的には治りましたが、ちょうどその過程で、ものすごい虚弱だったものですから、ほかの子どもと遊んでいても先に息切れして体力が尽きるんです。当時は昭和四〇年代前後のことですから、ガキ大将が近所にいるわけですが、そうすると鬼ごっこやかくれんぼ、缶蹴りなどで連続的に鬼にされてしまうんです。

鎌田　体力ないから？

南　遅いし要領が悪いので。それでまた鬼になって、みんな隠れるのですが、もうへとへとで。「もう家に帰っちまおうかな」と思ったんです。帰っちまったら、知らずに隠れている奴らはバカ同然だなと。でも私はおっかないから、ちゃんとお務めは果たしました。でも思いついたんです。「帰っちっまえば終わりだな」と。そう思いつつの帰り道、家の近くまで来たら、母親の声が聞こえてきたんです。そこでふと、明日は病院に行く日だけれども、もしお母さんが明日連れていくのを嫌だと言ったらどうなるんだろうと、思ったわけです。「もう、やーめた」と言ったらどうするんだろう、と。一人じゃ行けないし、と思った。それをよく考えたら、病院に行くのをやめるくらいならまだしも、「お母さんやーめた」と言ったらどうするのかなと。

鎌田　そこまでは、なかなか、思考の限界ですね。

南　私は喘息で絶息経験を繰り返していたので、自分自身が信用できないところがあったのですが、そのときは「お母さんやーめた」と言ったらどうするのかな、どうやって説得するのかなと考えた。私は一度ものごとを考えだすとある程度加速度がついてきてしまうのですが、そうすると、お父さんにしても学校の先生にしても、なぜ学校の先生をやっているのかな、なぜお父さんをやっているのかなと、だんだん思ってくる。これはひょっとするとただの約束事で、ただみんなが約束ということを知らないから結果的にそのとおりになっているのかな、などと考えているうちに、目の前の風景が、カーテンが下りて向こう側に急に引いていって、金属みたいに見えるんですよ。

鎌田　まさにメタノイアですね。

南　金縛りになったことはないですが、あんな感じになるんでしょうかねえ。それで音がえらい遠くからしか聞こえないのでどうしようかなと思っていたら、突っ立っている私に気付いた妹が飛んできて、突き飛ばされて我に返りました。これは強烈な経験でしたね。

鎌田　一種の悔い改めだ。

南　だから何もかも約束かもしれないから、破られたらどうするんだろう、というようなことが非常に感覚的な問題で、自分の中に入ってしまっているので、どこか信用がおけないんです。それまでの連続的なまとまった自分自身というものに対しての信用が発作で断ち切られてしまいますから、自分自身が信用できなくて、今度は自分のいる世界全部が信用できないわけです。だから、そうした感覚というのは恐らく、何か確かなものが欠けているという感覚です。

なくてあるもの

南　私は風景から強烈な印象を受けることはあまりないのですが、恐山に行ったときに私が思ったのは、極楽浜と言われるところに強い印象を受けました。結果的によく考えてみれば、岩だらけのところを抜けていくからだろうと思うのですが、ぱーっと開けたときに、美しいとは違う何かがありますね。あまりに大きい欠落の感じ。「何かがある」のではなくて「何かない」んです。

鎌田　スポッとね。

南　ないんですよ、あそこは。

鎌田　面白いね。

南　だから「恐山ってどういうところですか」と聞かれたら、あれはただの穴だよとか器だよ、というのが私の実感です。すぽーんと抜けている。何もないから人が来るみたいな。その、何もないものがあるという感覚は根深くて、例えば、大学時代に読んだR．D．レインという心理学者の『引き裂かれた自己』に面白いエピソードがありました。

女の子が椅子を丸く並べて遊んでいて、その女の子は、「ここに座ると私はお姫様になるの」「ここに座るとお母さんになるの」「ここに座るとネコになるの」というようなことを言うわけです。そして、「ここに座ると私は私になるの」と言う。ということは、この「私」はネコやイヌと同じように一つのペルソナなんです。すると、「私は私になるの」と彼女に言わせている「私」はどこにあるのかと言ったら……ペルソナを移動している、ど真ん中の空間にあるんですよね。

鎌田　つまり、どこにでもある。

南　巡礼しているど真ん中にあるわけです。行き先のない巡礼をしてぐるぐる回っていると、真ん中にドーナツの穴みたいに場所がある。「あるけどない」んです。だから、恐山もバーッと極楽浜に出ると、途端に大きな欠如を感じるんです。あの欠如が、恐らく鎌田先生のおっしゃる血統妄想やもらいっ子感覚のような、始源の欠如に向かって開いているような気がするんですよね。

鎌田　その欠如が、私の中では「この世の果て」というようなものとつながっていますね。そこには何かがあるけれども、この世の果てですから、ないんです。「なくて、ある」。漫才師の鳳啓介（おおとりけいすけ）の言った、「忘れようとしても、思い出せない」というギャグみたいな。でも、それが一番の「あるもの」なんです。あるものだけれども、果て

R．D．レイン　一九二七－一九八九。イギリスの精神医学者。正気と狂気の区分を問い、精神病理の理解可能性を説いた実践的な反精神医学の思想家。著書に『引き裂かれた自己』『自己と他者』ほか。

だから見えないというか、わからない。

南　認識不可能でしょう？

鎌田　わからないけれど存在している。この辺りの、ある種矛盾しながらも、そこに生起してくるものが一人一人の実存の中にきちんと向かい合っているという感覚です。先ほどの話のように、本当の家族かどうかもわからないというような、自分の中で実存的な転換のようなものが起こって、ハッと我に返る時間があった。

私は先に話したように、小さい時から鬼を見たというような経験があったので、自分が世界を見ているだけではなく、向こうからこちらのほうを覗かれているという感覚が自分の中では非常強い。私が主体で私がものを見て秩序づけているとはどうしても思えないわけです。向こう側から「まなざされている」ということの方が根源的であり、自分はその中でどこか偶然にここにいさせられているというような。小さい時からその辺りの現実感がちょっとずれている感じが自分の中にあります。

南　わかります。

鎌田　どこかが、はずれているんですよね。

南　現実感がしっかりと落ち着かない。

現実と存在の不確かさ

鎌田　いわゆる現実と言われているものだけではないものをいつも感じているから、そちらの方が強烈なリアルなものに感じている。

　私の父の話をしますと、父は養子なのに自分の家のことをよく語ったんです。父親は戦争中に特攻隊で同期の人たちが死んで二人だけ生き残った。病気で除隊して終戦を迎え、帰ってきて養子になり、私たちが生まれた。彼の中では戦争で自分の同期をみんな失ったということが強烈に、トラウマのようにあって、お酒を飲むといつも、俺の人生は余生だと言うんです。そして、うちは正月に絶対酒を飲んではいけない、と語る。平治の乱の時に源義朝と鎌田政清が殺されているのですが、政清という先祖が酒を飲んで殺されたので、酒を飲んではいけないと言って家から全部酒を出す。母親から聞いたことはほとんどないのに、父親がこれをくどいぐらいに語ったんです。

　父が養子だと知ったとき、なぜあの人は養子なのに鎌田家のこの物語をあれほど熱烈に語ることができたのかと、今でも不思議に思います。

　そして、私の死生観の中で父は結構影響を与えているのですが、父は私が中学三年生の時にオートバイ事故で突然死するんです。前の日までぴんぴんしていた人間が、翌朝起きたら死んでいた。

南　それは驚きますね。

鎌田　私の中で、何か父親に反抗しようと思って振り上げたこの手が、どこにいきゃいいんだ、という空白が生まれた。父からは同期で二人だけ生き残ったと聞いていたのですが、ある日、父親が新聞を読んで俺の同期が死んだ、俺の同期はもう一人もいないと言った。旅客機がどこかの島に墜落した時のパイロットだったらしいです。その一、二年後に彼は交通事故で、運転中に死んだ。こういうことを聞いたり、余生と言われたり、かつ先祖の話をされ、父親がそういう死に方をしているものですから、私の中で人間の存在みたいなものに対する不確かさや不透明感は、小さい時から、鬼の話も含めて、わからなさがかなりある。そういうものを「絶対これだ」と決めることと自体には、うそがあるとは言わないが、「かりそめ感」がやっぱりあります。

南　ありますよね。

鎌田　子どもの頃、父親と母親の母屋のほかに離れに祖父母が住んでいて、私は子どもの中で一人だけ祖父母と一緒に住んでいました。物心がついた頃には祖父は脳溢血で寝たきり状態で、それをずっと私は日常的に見ていた。祖母が祖父の世話をするんですが、その祖母が乳がんになって。末期がんなんですが医療拒否したために、母親が毎日乳がんを消毒していたんですよ。

南　ガーゼか何かで？

鎌田　そうそう。私はそれを、亡くなるまでのかなりの長い間ずーっと毎日見ていたんです。そうすると乳房がどんどんえぐられて、黒ずみ、片一方の乳房がなくなるんです。

そうしたら、中学三年生の時、私が熱を出して寝ているところに祖母が突然やってきて「私はおまえの本当のおばあちゃんよ」と言う。

南　え？（笑）

鎌田　祖母がそう言ったんです。私にしたら「え？　本当のおばあちゃんでしょ？」という感じなんですが。以来ずっとその一言が私に疑惑を抱かせました。それとなくいろいろと聞いてみると、祖父の五度目の妻だということがわかってくるのですが、その複雑な、家庭事情みたいなものが中学校三年生でわかってきて、祖母が私をかわいがっていて、一緒に離れに住んでいて、一体この「家」というものは一体何だろうと思った。

私は小学校五年ぐらいの時、将来医者になっておばあちゃんの病気を治してやる、と宣言したんですよ。すると祖母は、もういい、おまえは高野山に行って坊さんになれと何度も何度も言うんです。それで私の中でまた矛盾が起こる。

私が高校時代に一番なりたくなかったものが、坊主と先生なんです。それは、言っていることとやっていることが……。

南　違うから。

鎌田　あまりにもずれている。うそをついているような存在の代表というのが学校の先生だと思っていたので、私はうそつきにはなりたくなかった。それからお坊さんというのは、真言宗の僧侶などが親戚にいたので、そういう人たちを見ていた。

南　私たちですか（笑）。

鎌田　するとやはり、言っていることは立派なんだよね。学校の先生もそうでしょう？

南　私の父親も母親も、じいさんもばあさんも全部先生ですよ。

鎌田　学校の先生こそ、言わされていることと、言っていることと、することがずれている。それが見えてくるものですから、そうでないものになりたかった。そうした中で自分の家みたいなものが持つ現実の基盤というのが結構脆弱というのか、よくわからないと思い、家族というものも、いろいろなあり方、いろいろな縁組があるのだろうと思ったわけです。家族は単にひとつの縁組にすぎないという感覚が非常にあります。

南　とてもよくわかります。

老いと死の強度

鎌田　家出することもそんなに不思議ではない。もちろん出家することも。でも、出家しても一つのシステムがあり、そのシステムに対しても一つの疑問があるわけです。

南　そういうことです。家出と出家を簡単に分けではマズイです。むしろ出家と家出の二重構造の中で、出家さえも相対化ができないといけない。先ほどの話はつくづく共感というか、あまりに思い当たるところが多くて驚きました。やはりこの種の人間には子どもの頃に独特の欠落の空間があるんですよ。

鎌田　あります、あります。

南　つまり自分の欠落感というか、現実感の希薄さを象徴するような場所が必ずある。

私の場合は病院です。一一歳頃、ぜんそくをこじらせてサナトリウムみたいな所に入れられたのですが、今のような子ども病棟なんてありません。むせかえる老婆や、老いと薬のにおいで、子供ながらにしみじみ世をはかなんじゃいました。二回ほど少し良くなって出た時には、あそこへ帰るのは嫌だと泣きました。

鎌田　何人ぐらいいたんですか。

南　三人です。私が入り口にいました。あのとき初めて「老人」ではなく「老い」というものを見たんですよ……すごかったです。正面の人は麻痺していて体の震えが止まらない。しかしプライドなのか、食べさせてもらうことを拒否している。食事の時には震える手でスプーンを使い、ものをすくって、空中を飛び回るものを口でつかまえるような食べ方をするわけです。麺を食べるときには、ダラーッとなる。

そして別のほうには、身ぎれいなおばあさんがいたんです。上品な感じで、白髪でいつも浴衣を着て正座している。ここの病院の元の看護婦だというんですね。しかしこの人が、非常に端正な出で立ちのまま、ぶちまけるように私に愚痴言うんです。医者の悪口や看護婦のうわさ、入院している誰それの愚痴をぶちまける。

鎌田　小学校の少年に向かって?

南　ものすごいです。それが終わると今度は自分の家の話をする。旦那の話や子どもの話。看護婦さんがかわいそうに思って「僕、くたびれたら寝ちゃいな」と言ってくれたのですが、その後、看護婦さんから聞いて驚きました。なんと、そのおばあさんは結婚したことがない。旦那の話も全部うそなんです。あれだけ情熱を持って喋っていた話は、全部架空の話、全部うそだった。一体、この人は何の情熱で語っているのかなと思いましたね。

鎌田　まさに「物語」ですね。

南　そうです。向こうの人の一人で食べることに対する異様な情熱と、おばあさんのうそを言い続ける情熱は何だろうと思ったんです。

　さらにもう一人、寝たきりの人がいて、その人は私が漫画を読んでいようと何だろうと、起きて鉛筆持っていたりすれば全部それを「勉強」という。そして来る人来る人に向かって「この僕はよく勉強して偉い」と言うんです。なぜこんなに私のことほめるのかと思っていたら、時々「ベル押して」と頼まれるわけです。押すと看護婦さん来る。そしてまたしばらくすると「ベル押して」という。それで、わかったのは、その人は下半身が麻痺していて排泄感覚がないので、思いついては私に言うわけです。看護婦さんから、もう頼まれても押さないでと言われました。しかし今度は「僕、そのやかんの水を、ここ（股間）にまいて」と言うんです。そのときは何のことかよくわからなかったので、たっぷりまいちゃったんです（笑）。

鎌田　そしたら、おしっこしているように見える。

南　そうです。「押して」と言われてわかりました。それで散々怒られて、ああ、こういうふうになってくことを「老いる」と言うのかと思いました。つまり、私にとって「老い」というのは、何かが失われていくことではないんです。何かが人間の中で膨らんでいくことなんですよ。ある力が働いて内側から壊していくものとして感じます。

　そうすると、人が老いることが宿命ならば、生きているということは壊れてくことなんです。すると現実が、末期の視線じゃないですけれども、すごく脆弱に見えるわけです。だからそれを何かで補填したいという欲望はとてもよくわかります。

しかし私はそれよりも、膨らんで壊していく力の方が、言い換えれば、「死」の方が、生よりずっと強度が高いんです。

鎌田　それは間違いなくそうですね。

南　だから私は一神教的な世界観、あるいは普通の宗教的な考え方で解釈された死がどうしても納得できない。私の感じているリアリティーにはまってこないんです。つまり、私にとっては死とは、どこかに行ける、行き場所がある、というような安直なものなどではなく、内部で育っていって、いつか爆発するという感じなんです。

鎌田　寺山修司が恐山を私に教えた最初の人物であることは何度も言ってきましたが、彼の書いた詩の中で、すごく象徴的な詩があります。「昭和十年十二月十日にぼくは不完全な死体として生まれ何十年かかかって完全な死体となるのである」「子供の頃、ぼくは／汽車の口真似が上手かった／ぼくは／世界の涯てが／自分自身のなかにしかないことを／知っていたのだ」というものです。

南　完全な死体に向かって生きている。

鎌田　だから、死体というのは生きるということの一つの極なんですが、それが逆転しただけである。不完全な死体である今の自分が完全な死体に向かって生きる。だから僕の墓は言葉で十分。僕の墓は僕の言葉だ、と。そこに寺山修司の死生観が非常に凝縮されて表現されていると思います。

通常、われわれは死体に向かって完成するとは思いません。死体に向かって崩壊していくと思う。だから生体がある種充実したかたちであって、充実したものがどんどん失われていく過程だとネガティブに捉えるわけです。しかしそうではなく、むしろ「死」というのがもっと大きい。

南　リアルですね。

鎌田　死が強度を持って存在してきて、寺山の言い方をすると、死体に向かって人間は「完成」すると。別の言い方をすると、死を成就していく。

死の正体

鎌田　でも、成就する仕方は個人さまざまですが、妄想も幻想も含めて何らかのかたちで発現するということです。

先ほど祖父母の話をしましたが、祖父は脳溢血で半身不随になり言語的にも不自由な状態でした。そういう人が一日をどう過ごすかというのをずっと目の当たりに見ていて感じたのは、私の中にできることは触ることだけで、触ることがどれほど彼にとって救いであるかということです。今はタッチケアといった言い方もされますが、タッチがいかに重要であるか。彼の中で一番リアルなものはタッチだという感じがしました。

一方、祖母はもともと徳島芸者で、港町の実家に帰っている時に祖父が見初めて五度目の結婚をしたんです。彼女がまず私に教えてくれたことは三味線です。芸というものが何であるのかということを祖母から学びました。それから彼女が繰り返し言った言葉は、一つは、「高野山に行って坊さんになってくれ」ということ。もう一つは、「芸は身を助ける」という言葉。この二つは私の中で今でも生きています。今、私は坊さんではないですが「神仏習合諸宗協働フリーランス神主」なので、一種の半僧半俗みたいな感じです。だから、祖母の言葉は自分の中で今でも突き刺さり動かしている何かだと思います。

それから私はまた「神道ソングライター」として歌を歌っています。歌を歌うことあるいは芸や映画の制作もそうですが、それらが自分の中でどういう意味があるのかと言えば、私にとって、かりそめの世界の中で宗教と詩がもっともリアリティーにつながっているということです。私にとってリアルなものは宗教か詩しかない。それは先ほど言った超越、つまりこの世の果てに人を向かわせる力を持っているからです。だから恐山であってもセーヌ川であっても、この世の果てというものに人を直面させる限りにおいては、非常に超越的で宗教的で、かつ、われわれの実存に深く突き刺さってくる。そういうものを人生の中で、人間関係の中でも学ぶわけですよね。

そういうことを諭してくれる関係やシチュエーション、南さんの場合だったら、病院での体験で垣間見たもの。あるいは、鬼ごっこの遊びの中で、ちょっとしたずれの中から、自分のアイデアのようなものがわき出てきた時に見えてくる風景の違いのようなもの。それを突き詰めていくと禅になったり、私のように、フーテンや修験道になったりするわけです。

それをさらに極めていくというプロセスが、その後にはあるだけで、そのプロセスも絶対の終わりはない。

南　面白いですね。お話しすると非常に重なるところがあるのですが、先生はそういった原体験みたいなものから芸能といったものへのかかわりも豊富でいらっしゃる。つまり彩りの満ちた世界というか、ある種の生命力とは言わないまでも、超越に向かって動いていく躍動感のある世界を感じます。一方、私は冷えてっちゃうんですよね。

鎌田　そこが真逆で面白いところですね。

南　私にしてみれば、人は必ずしも生きていかなければいけない理由はないけれども、事実としてみんな死にますから、その意味で死のリアリティーの方がずっと高いわけです。

子どもの頃に絶息経験をして、その先にあるものについて考えてしまうために、大人に「死ぬってどういうこと?」「死んだらどうなるの」と聞くわけです。しかし大人に聞いたってわからないと思うと、実際どうしたらわかるのかと思って、幼いバカですから小動物を殺したりするわけです。

鎌田　カエルとか。

南　最初は虫くらいだったのですが……。だから酒鬼薔薇聖斗*が出てきた時にぞっとしました。猫を一匹殺したってダメなわけです。そんなものじゃわからない。やっぱり人間じゃないとわからないな、などと思っていた頃に、じいさんががんになりました。小学校四年の頃でした。

いよいよ人間が死ぬところを見れちゃったら何かわかるかなと思って、見舞いにも一生懸命行きました。周りからいい子だと言われたけれど、そうじゃないです。死ぬところを見逃すまいと思って、まめに行っていた。するとだんだん痩せてくわけです。それで「おお、こりゃ近いな」なんて思っていた。それで一度親族が呼ばれた時に、いよいよ来るかと思ったけれど、なかなか来ない。そのとき母から寝返りを手伝うよう言われて手伝ったのですが、もう本当に枯れ木です。触れば折れちゃうんじゃないかな、みたいな。それから最後のお話だとか言われたので、私は近づいていって「おじいちゃん」と声をかけました。するとそのとき祖父が突然、とがった指でバッと私の頭つかんだんです。あれはびっくりしました。「まだこんな力があるのか」と思い

*一六二頁参照。

ました。だけども、触ってほしい。あれは私が触ったわけじゃなくて、触られるわけですよ。

鎌田　おじいさんが触りたいわけですね。

南　そうです。そうすると、この人はまだ死にたくねえのかなと、よくわからない脅威を感じるわけです。何か向こうの世界から手が伸びてきたような。

鎌田　わかる、わかる。ゾンビですよね。

南　そうです（笑）。それで、恐怖と過大な期待で家に帰った。ところがまだ死なないんです。

　しかし突然、翌日学校に行った途端に、南君すぐ帰りなさいと言われました。

鎌田　もう亡くなったあと？

南　急いで帰ったら、すでに玄関は靴であふれていて、よく知らない人がいっぱいいる。じいさんにはすでに白い布がかかっていまして、おばあちゃんが、「お別れして」と言ってその白い布を取ったんです。そうしたら……私の祖父は軍国校長みたいな人で、御神影に触る時は四〇度の熱があっても禊（みそぎ）する人だったらしいんです。要するに立派に見える人だった。その人が死ぬというから何かあるだろうと思って、ぱっと開けたら……驚いちゃいました。

　入れ歯を抜かれて真っ黒な口がぽかっと開いているわけです。目をちゃんと閉じなかったせいか、ガラス玉のようなものがぽっかり開いているんですよ。まるで歯医者の治療中に死んだみたいな、マヌケな顔だったんです。

鎌田　自分の知っている、威厳のあるおじいちゃんじゃない。

南　そうです。それで白っちゃけた、かさかさの粉吹いたような顔をしている。私はびっくりして、お別れもへったくれも、「何だこれは？」という感じでした。要するにただの物体なんですよ、私には。

ものすごく衝撃だったのは、「死体と死は違うんだ」という感覚ですね。もうこの世において死というものは絶対にわからないと思ったのは、あの時です。「死」ということは、自分の死以外には意味がないのだと思いました。他人の死は、ただの物体としての性質が変わるだけの話で、現象としての死というのはこの世にはない。「死んだ人」と「死」は違うという感覚です。そうすると、もうそこから先は、死について何を説明されても、私にとってはあの衝撃しかないんです。老いるというのは死が育っていくという感じなんですよ。

そうすると、道元禅師や禅の生死一如（しょうじいちにょ）や、生死という、ひとつの命を生死として捉えるような考え方が、ものすごくリアルにわかるわけです。

生死一如　生と死を分けず、それらはひとつだとし、生があるから死があり死があるから生があると説く仏教の思想。

死の語りと真実

鎌田　生と死は一枚につながっている、と。

南　そうです。生きていくということは死んでいくことなんだとか、すぐ感覚的にわかってしまう。そうすると、死をめぐるどんな理屈も、そういう言い方もあるねとか、その言い方で何を納得させたいのかなと思うわけです。

　特に私にとってそのあと問題だったのは、実は死を語ることが死なんぞ語っていない、ということです。それはむしろ死を消します。死が語られる際に一番オーソドックスなものは「移動」です。この世からあの世へ移動するというわけです。すると死はドアのような、開けて向こうへ行くといった話になります。あるいは門番がいて、いいことをしたらいい部屋に行けるみたいな話です。しかし、これは生きているわけであって、死なないわけです。移動するだけですから。

鎌田　第二ステージに行くみたいな。

南　そうすると、死について語っていると言いながら、巧妙に迂回しているようにしか聞こえないわけです。

　ですが、なぜそういうことを言わせるのかと考えたら、死そのものを知ることができない以上、それを見ないようにするか、物語的な解釈で塗り固めるしかないわけです。そして、物語っているに過ぎないと承知の上で、なおそうせざるを得ない人間のあり方を見つめるしか、もう道はないんですね。

鎌田　特に現代の死生観というのは、その辺りが一番核になってくると思います。私は、死の瞬間・息を引き取る瞬間は一度しか見たことがありません。祖父の死の時は一緒に住んでいて寝たきり生活をしていたので、死んでいく過程、死に向かっていく緩慢なプロセスを何年間か見てはいましたが、死んだ後に呼ばれました。父親の場合は突然死だから、死体というイメージもなければ、生体というイメージもないぐらいによくわからない。死というものが突然やってくるという感じでした。祖母の場合は乳がんだったので、どんどん細くなっていったのは見ていますが、死ぬ瞬間には祖母のそばにいなかった。

　私も、南さんと同じように、死をめぐる物語は、やはりどこかうそくさいと思っているんです。要は人がそれによって納得すればいいのであって、これにとらわれる必要もない。だけども……

南　無視はできない。

鎌田　無視もできないし、その意味はある。しかし、それが絶対だ、というように固着化していると問題が起こりやすい。

南　問題が生じますね。

鎌田　私が人が亡くなる瞬間を見たのは、『久高オデッセイ』三部作の監督であった大重潤一郎が、二〇一五年の七月二二日に死んだ時だけです。

私は彼の同志として『久高オデッセイ』三部作という映画を一二年間にわたり作っていて、プロデューサーとして支えていました。彼と出会って一七年間、同志・同伴者として一緒にいろんなことをやってきました。彼は肝臓がんと脳内出血で半身不随の状態で映画を作り続け、本当に大変な状況の中で死んでいったのですが、死の直前の三日間、私は彼がいる那覇の赤十字病院で、最後の最後、息がなくなる瞬間というのを初めて見ました。

それまで薄く呼吸をしているものが、その呼吸が途絶える。その途絶える瞬間というのは、はっきりわかるんですよね。空気みたいなものの流れが変わるので。生きている者が空気を吸わなくなるという、もうかすかであってもそれが感じられる。それが感じられた時に、これで死んだんだという状態になり、そのあと私は持っていた笛を吹いて、弔いを捧げ、葬式の手配などをしました。葬式も一種アニミズム方式で、私がプリーストとして司式するかたちで、しのぶ会とお別れ会をやりました。死んでいくプロセスから葬儀までを全面的に見たのは、それが初めてでした。

『久高オデッセイ』は、彼が死ぬ一カ月前に完成したんです。そして久高島という、「神の島」と呼ばれる島のオバアに見せに行った。オバアをはじめ、たくさんの人が

久高オデッセイ　琉球開闢神話にゆかりのある沖縄の久高島の今を一二年間にわたって記録したドキュメンタリーで、一九七八年の祭祀「イザイホー」以後の島の暮らしと祈りをテーマとした作品。

大重潤一郎　一九四六－二〇一五。映画監督、前・NPO法人沖縄映像文化研究所所長。「黒神」「縄文」など自然や伝統文化をテーマとする作品を制作。長編記録映画「久高オデッセイ」撮影を機に沖縄本島へ移住し、同作品三部作を完成させた。

見てくれて、それを見ながら涙を流してくれたりした。

その映画の最後のシーンに、彼の声だけが遺言のように記録されているのですが、自らの声で、亡くなる一カ月ほど前にベッドの上で録りました。その中で彼は、「東の海の向こうには、ニライカナイがあると言われている。しかし、この島こそが、この地上こそが、楽園ニライカナイではないか、と思えてくる」と言っているんです。それが彼の最後の明確な言葉でした。

どういうことかと言うと、末期の目から見ると、あの世があるのではない。この世があの世に見えてくる。必ずそういう逆転が起こってくるのだということです。この世こそがあの世のように見えてくる、命に対する、命の帰趨が、こちらからあちらに移動するというよりも、こちらの方にベクトルが反転しながら、この世との関係をもう一度見つめ直す、まさに悔い改め、つまりメタノイアだと思いますが、その視点転換が起こるのではないか。彼の中では　本当にこの世がニライカナイに見えていたのだと思います。そういうことが死の間際、末期の目に見えてくる。

それで、禅の体験も宗教体験のある極も、そういった視点転換をどのようにして成すことができるのかが重要な問題としてであるのではないかと思うわけです。

南　そう思います。ほとんどがその技法として鍛えられてきたと思いますね。

弔うということ

南　鎌田先生は、非常に近親の方において死に至る過程をすべて経験する場合と、お父様のように、まるで起きたらいなくなっていたような場合と両方経験されているのですね。恐山にいると、この二種類の人が来ます。例えば檀家の中でよく知っている人が、だんだん衰えていって「お葬式お願いします」という場合や、一方では、振り返ったとたん、トラックが目の前に立っていた息子を跳ね飛ばしました、ということを言う人もいるわけです。この二つは、プロセスというと変ですが、死にゆく過程、つまり時間と空間を共有した人は、死者がわりと容易に立ち上がってくるのですが、突然断ち切られてしまうと、なかなか立ち上がらないという点で違いがあります。

　恐山で気がついたのは、「死」は特別として、「死体」と「遺体」と「死者」は違うということです。死体というのは、例えばよく航空機事故が起こると、死者一二三名などと言いますが、あれは実際には死体のことです。一二三しか意味がないからカウントできる。しかし死体ではなく遺体になると話が変わってきます。死体は数にしか意味がありませんが、遺体は人格です。

鎌田　思いがかかわりますね。

南　人格には名前がある。誰それの死体というのが遺体です。こうなると話が全く変わってきて、例えばこれはお父さんの死体ということになれば、たった一個の死体だって決定的な意味を持つ人間が出てくるわけです。だから、遺体にならない限りは葬式もできないんですね。死体が上がっただけではダメで、身元が割れて初めてお葬式をしましょうとなるんです。問題は、死体であろうが遺体であろうが、まだ物体として「ある」が、これが埋葬するなり葬るなりして無くなる。「死者」はその無くなった瞬間から立ち上がってくるんです。

つまり、改めて生前の、肉体を持った時とは別のつき合いを立ち上げなければいけない。葬式の決定的な意味は、死んだのは確かにこの人だと決定して納得させることです。そうでないと死者が立ちません。難しいと思うのは、まずこの人は死んだのだと確定した後で、初めて今度立ち上がってきた人との間を結び直さなければいけないということです。この関係のつけ方が弔いなんですよね。まず、ここまでいくのが心理的に容易ではありません。

特に突然亡くなった人というのは、お別れの過程がないために、死者が容易にはリアルなものとして立ち上がってこない。ですから、まずお葬式をしても実感が全然わかないと思います。それを死者として立ち上げること自体に長い時間がかかってしまいます。

鎌田　看取りというものが葬儀と含めてセットになっている場合と、看取りがない場合と、欠落感が異なる、と。

南　全然違いますよ。

鎌田　本当にそう思います。その向き合い方は、その人の年齢や置かれている現実によって変わるでしょうね。

私の場合は父の死の出来事が中学三年生の時で高校入試の直前でしたから、自分の進路もあり生きている現実の方が強かったんです。だから、こぶしを振り上げた途端に振り下ろす先を失ったという喪失感はあったけれども、現実がどんどん進行していくために考えるひまもない状態でした。弟は中一だったのですが、三カ月間ほど田んぼのあぜ道に一人座ってぼーっとした。父親の喪失を母親と弟が一番深く感じていて、手につかないというか、日常の感じが変わっていたんですね。まさに一種の、向こうから襲われてきた悔い改めがあるんですよ。日常生活が変わっちゃう。

南　わかる、わかる。

鎌田　弟は、自分がここにいるのかどうかもわからないような感じで、ぼーっとして時間を過ごしている。私は学校に行かなければいけないから、そんなことをしている場合じゃない。弟と私の場合、父親の死に対する受け止め方がまるで違いました。

もう一つ、死者というのは非常に不思議なもので、父親が死んだという実感はわかないけれども夢の中にしばらくして出てきたんです。どうやって出てくるかというと、父がどこか旅をしていて戻ってくるのですが、戻ってきた時は、われわれ家族の環境が違っているので彼にとっても居心地悪そうな感じです。お父さんが帰ってきて良かったというのではなく、違う時間と空間がもう動いていて、違う縁組になっているんですよ。

南　象徴的ですね。

鎌田　彼は養子だったので、一層それが感じられて何か寂しい感じもするんです。突然戻ってきて、この現実であるわれわれの世界と、うまくコミュニケーションが取れない。

南　よくわかります。弔いというのは、つまり死者ともう一回関係を作り直すというのは、すぐには上手くいきません。以前、恐山に、あるおばあさんが来て、和尚さん不思議ですね、と言いました。お墓がちゃんとあるのに、何でこんなところに来たくなるんでしょうかね、と。それが耳に残って考えたのですが、墓参りの作法や葬式の礼法といった弔いは誰に対しても同じにやるでしょう？　確かに関係のつけ方の基盤は公式的には誰に対しても一緒です。それでまず死者との関係を結び直しましょう、とやるのですが、よく考えてみれば人によって全然違うわけです。同じ親に対しても兄弟で違うというのは、まさにそうです。どうやら公式儀礼の中に収まりきれない感情がやたらあるわけですよ。

鎌田　ありますね。関係が強ければ強いほどそれは収まらない。

南　当たり前なんです。墓参りや法事にはやり方があり、世の中にはそれで収まる人もいる。しかし収まらん人はいっぱいいるわけです。同じ親でも、いいお父さんじゃなくてひどいお父さんだったという人もいるわけです。

そうすると、そこに収まりきれないものをどうするのかと言ったとき、やはり霊場みたいなところがあるのではと思うんです。私の師匠も言っていましたが、弔い、つまり死者との縁の結び直しというのは、心理的なプロセスとして非常に長くかかると思います。ですから「死」に物語が必要なように、死者と関係を作るにも非常にノウハウというか、やり方、プロセスに対する配慮が要ると思いました。

鎌田　四国遍路の、お遍路を巡る人の多くには、死者との別れというものが一つの意味を持っています。もう一つは病気、もう一つはこの世の人間関係、大きくはこの三つだと思います。その中で死者との付き合い方について、四国遍路には四県ありますから、四つの意味合いが、四ステージが意味づけられている。

順打ちの場合は阿波国が一番で、発心のプロセス。次に土佐の国に行って修行のプロセス。二番目に伊予、愛媛に行って菩提のプロセス。最後が讃岐に行って涅槃のプロセスという、この解釈枠があることによって、一つのガイドラインができる。

実際に巡っていくと、特に阿波の最後、二三番札所の薬王寺から、次の二四番札所の最御崎寺まで、ものすごく長い距離を室戸岬まで歩かないといけない。集落もほとんどないような所を阿波の国の果てから土佐の国の最初の札所まで行く。そこに室戸岬が広がっていて、紀伊水道が太平洋に打ち流れていく。ここを見ると、やはりエッジオブザワールド・ランズエンドを感じます。これが修行の地のはじめにあります。それまでは日常性の世界といった何かがあるのですが、本当に何もない太平洋に向き合うと、果てしのない感覚にぶつかる。全く日常性のないような本当にむき出しのものにぶつかっていくんです。

それが最初土佐にあって、次に高知の足摺岬まで行く。これは本当に長いです。室戸岬から高知市内を通って足摺岬まで行った時に、足摺岬でもう一つの極、エッジオブザワールドを見るわけです。この二つが修行の極なんです。辿ってみて本当によくできていると思いました。確かに足摺岬に立つと、本当にこの向こうには何もないという感覚がある。そこからさらに内海に入ってくると、何て穏やかなんだという感覚に変わる。そして弘法大師の生まれ、香川県の善通寺などに行って穏やかな世界にどんどん入っていく。本当にお遍路さんってよくできている。自然が持っている力、ダイナミックさや変化をうまくアレンジして、その中に収まるようにしていくんです。

一方、体は疲れ切っていきます。特に土佐は疲れ切ります。疲れ切ったときに、肉体の限界というか果てのような、そういう時にやはり何か感じているわけです。そして、それがだんだん収まっていくプロセスがあるので、自分なりに一つの解釈や区切りがつくわけです。八八か所を巡っていると必ず一つの区切りがつきます。一種の修行というか巡礼のプロセスがセッティングされていることにより、多少は収まりきれないものもあるけども、多くはある一つの安定を得るということは間違いないと思います。

南　逆打ちは、涅槃から出発して仏が降りてくるように、往相に対する還相の意味があって功徳二倍だと言いますよね。あれはそういう意味なんですか。

鎌田　それはいつ頃からできたのかわかりませんが、プロセスとしては間違いなく順打ちが正当です。逆打ちする人は、必ず順打ちを踏まえてやります。最初から逆打ちに行く人はいません。

南　そうですね。それが人間のやり方ですよね。私は、あれは要するに如来が救済に降りてくるから功徳二倍というストーリーなのかなと思いました。

鎌田　それに近い解釈でいいと思います。だから一回、あるいは何回か経験している人が逆打ちすることによって、本当に意識的に、意図的に供養するという感じになりますよ。

南　菩薩だ。

鎌田　まあ、菩薩業ですね。逆打ちは、ものの見え方がまさに末期の目から見るよう

往相　この世から浄土へ往生し仏になることを意味する、仏教の言葉。これと反対に、仏が衆生を救うために再び俗世へ戻り来ることを「還相」という。

なものです、順打ちは上求菩提(じょうぐぼだい)の世界ですね。

南 それから、逆打ちで下化衆生(げけしゅじょう)、と。功徳二倍と言うんですね。

鎌田 下化衆生となるので、逆打ちの方が大乗仏教としては価値や意味がありますね。

世界の果て――根源への離脱

南 先生のお話だと世界の果てみたいなもの、私の話で言うと欠如といったものになりますが、あれ不安は不安ですが、あるときすごい解放感というか、快感がありますよね。

鎌田 もうそれが源泉でしょう。

南 どういうわけか欠如やある種の果てのなさみたいなもの、あるいは離脱というのは、人を不安に陥れ、実際不安ではあるのですが、強烈な解放感がありますね。言語であれ意識であれ、われわれにとっては自分であることに対して根本的に負荷があるわけです。別にそうであろうとしたわけでも、そう生まれたかったわけでもないが、そのように「ある」ということでは非常に受動的な実存で、その意味で負荷を負っているわけです。ですから、欠如に対する不安が根拠を求めさせると同じように、ある種の底抜け感と言いますか、自己を開くものとしての欠如や無限さというものが、この負荷の感覚から強い解放を呼ぶ。

だから宗教というのは、ある種の離脱に伴う解放感というのが常にあって、しかし離脱しただけでは実存できないので、別の存在の仕方の中にもう一回埋める。しかしそれが固定してしまうと、つまりそこにとどまってしまうと新たな負荷になるし、その中でしかものを考えられなくなる。

だから巡礼とか坐禅というものが「無限に向かって開く」とか「欠如に向かって回帰する」という言い方は矛盾に満ちていますけど、根源に対する欲望と同時に解放の欲求が働いているのだと感じますね。

鎌田　私はやっぱり、実存あるいは世界というのは「果てがない」というのが真実だと思うんです。しかし「果てがない」というのは、「かりそめの」というか、矛盾しているんですが、果てを感じるところに立ち入らないと、果てしがないという感覚もまた、起こらないんですよね。

私の大学時代の卒業論文は「東洋と西洋における神秘主義の基礎的問題への試論」というタイトルでヤコブ・ベーメと空海の言語体験と言語哲学とW．B．イェイツやランボーなど何人かの詩人の詩的言語の問題。この三者の言語哲学というか言語論を卒業論文に書きました。

南　面白いですね。

鎌田　その中で私がなぜヤコブ・ベーメというドイツの神秘家をテーマに取り上げた

ヤコブ・ベーメ　一五七五－一六二四。ドイツの神秘主義思想家。自身の神秘体験を著し、教会から異端視されるが、信奉者らに保護され思索と執筆を続けた。著書に『アウローラ』『キリストへの道』など。

W．B．イエイツ　一八六五－一九三九。アイルランドの詩人・劇作家。一九二三年にノーベル文学賞受賞。アイルランドの文芸復興の立役者で、東洋の神秘思想に影響を受けた作品を遺した。著作に『善悪の観念』『ビジョン』など。

アルチュール・ランボー　一八五四－一八九一。一九世紀フランス象徴主義を代表する詩人。早熟の天才と言われ、近代詩に大きな影響を与えた。主な散文詩集に『酔いどれ船』『地獄の季節』など。

かというと、彼の持っている根本的な概念に「無底（ウングルント）」というのがあったからです。世界が生成してくる創造者がいる。創造の唯一の一点みたいな。確かにそれはわかりやすく物語としても完結しているのですが、「存在の果てなし」みたいなものの感はないんです。全部ばっちりと説明がつく。しかし私にとっての世界の感覚はそうではなく、ばっちりと収まらず、むしろ向こう側に開かれている感覚がその概念の中に含まれていなければならないと思ったんです。私はそうした創造の深淵のようなものに畏怖の感情を抱くわけですが、創造の深淵というものは、まとめられてしまうと畏怖はなくなってしまい、単なる物語になってしまう。

南　そうですね。よくわかります。

鎌田　物語ではなく、物語を生み出す前の無底みたいなものが大事なのです。それに近い言語に、ニコラウス・クザーヌスが言った「神とは反対物の一致（coincidentia oppositorum）」があります。私はそういうものが神だと思っています。例えば神と悪魔、昼と夜のように、反対物が一致するようなもの、矛盾というものが「あって」「ない」。そういうようなものでないと、究極のものでないと思います。だから生死（しょうじ）も、生と死という二元世界ではないはずだと。

　ですから生死一如という言い方や、生死が相即しているような感覚を、どのようにしてリアルなものとして出せるか。私は世界の果てに畏怖を感じると同時に、本当の

無底（ウングルント）　根拠（グルント）を問い続ける先に拓けてくる「根拠のない状態」のこと。ヤコブ・ベーメは神の本質をこの「無底」と考えた。また禅仏教において無底とは、何ものにもとらわれることのない境地を指す。

ニコラウス・クザーヌス　一四〇一－一四六四。ドイツの哲学者、神学者で、枢機卿や大司教を歴任。対立・矛盾するものを総合する存在が神であり、神の特質は「反対の一致」だと論じた。主著に『学識ある無知』『隠れたる神』ほか。

ところに立ち返る安心感というか、解放感と同時に喜びのようなものがあります。慄然とするけれども、これでいいのだという。がちっと説明されると違うという感じがします。

生の運動としての言語

南　禅だとよく「言語を超えた」と言います。しかし、「言語を超える」「不立文字」について若い頃言われたのは黙って坐ればぴたりと当たるというようなことだったのですが、しかし私にとっては、言語を超えたものは言語化の過程にしか現れないのです。つまり、言語化することの抵抗感みたいなものとしてしか言語を超えたものは開かれないわけで、言語を超えたといってやめてしまったら、空虚で無意味な言説が残るだけです。

鎌田　それでは、ただのばかになりますね。

南　ばかですよ。要するに黙っているのと一緒です。「言語を超えた」と言うのであれば、言語化し続ける以外は意味がありません。どういうことかというと、われわれが何かを本当に言おうとしたら、言い間違える以外に言い方がないんですよ。

鎌田　面白いね、言い間違うって。

南　「言い間違える言い方」を実践したのが『正法眼蔵』だろうと思います。つまり、あそこから固定した意味を取り出そうとすると、ことごとく失敗してつまらない話になってしまいます。ところが、言語化しようとする運動だと考えると見えてくる。理解するより言語に乗った方がいいんですよね。

鎌田　非常に面白い。私は、空海と道元は宗教家である以前に本質的に詩人だと思っています。詩人の世界観として「絶対のもの」はないはずなんです。絶対のものを、つなぎとめるために、絶対を垣間見させる手続きとして詩が起こる。でも、それを固定したら詩はない。だから詩と信仰は違います。詩は実在の片鱗を見せるけれど、宗教・信仰というのは実在を実在として固定し、それに安心のよりどころを置きます。私にとっては、詩的なものを現実の実存の中でどう垣間見させるかという、この一瞬のきらめきみたいなものが常にあるかないかが勝負どころだと思っています。

　空海は確かに言語哲学として大日如来の絶対言語といったものを置きますが、わからないもの・最高荘厳のものとして置くのであって、これを簡単に実体化している思考ではありません。しかし、後(のち)の人はそれを絶対化していきますね、金科玉条として。

南　そう。そうやって語ります。

鎌田　でも、お釈迦さんは最初に戒律があったのではなく、悔い改めの経験、メタノイア、視点転換があるはずです。そういう視点転換がそれぞれの詩としてやっぱりある。

南　あると思いますね。

鎌田　その詩的体験と実存、悔い改めみたいなものは、ある種似ていて、そこで風穴が開く。その風穴の開き方を言語にするときに、より風の感じを伝える言語が必要だ。

南　だから非常に晦渋というか、何かちゃんとした意味を語っていると思うと失敗してしまう。言葉と意味の関係は、『正法眼蔵』では「有時」の巻、つまりハイデガーの『存在と時間』と同じテーマを扱うようなところに出てくる。

鎌田　「有(ゆう)」「時(じ)」と書いてあるね。

南　そうです。あの言語論が有時の巻に出てくるところがみそなんです。つまり言語というのは、言語化していくという時間的な運動なんですよね。

空海の戦略

鎌田　空海の著作というのは、ある種トートロジーであってトートロジーを壊しているようなところがあって、重要なことは詩つまり頌(じゅ)で表現するんです。頌でパッと言って、それに注釈をつけるような説き方をしていきます。ところが、ほとんどすべてと言っていいほど途中で投げ出していて、最後まで説明を完結させていないんです。私は、そこのところに空海の一つの戦略、彼の経験があるように思います。最後まで言い切ってしまったり、説明するとうそになる。完結しない部分を残しておくという

頌　サンスクリットで「歌」を意味する語に由来し、仏教では仏や菩薩の功徳をたたえる韻文のこと。詩の形式にのっとり、教えや論を説いたもの。

か、残さざるを得ないという方が誠実感はまだあるんですよ。

南　前にも少し触れましたが、「すごいな」と思うもの[*]は不思議と完結していませんね。マルクスの『資本論』もハイデガーの『存在と時間』も。それから『正法眼蔵』も途中で尽きています。決定的なことを決定的に考えると未完になってしまうのかと思います。

　空海上人の本は、私はずっと思想書として読んできたので、詩の部分をまともに読んでないんです。しかし今、ようやくわかりました。どうやら空海上人のものの考え方を全体で評価するためには、仏教思想書だけ読んでいてもダメなんですね。

鎌田　詩なんです。

南　私は詩の重要さを過少に考えていました。

鎌田　道元と空海が似ていると思うのは、その、ひりひりとした実存的な言語意識が非常にびんびんと迫ってくるからです。

　空海は讃岐の地方長官の子として生まれ、裏口入学のようにして貴族の子弟しか入れない大学に入ったけれども一年でドロップアウトして山にこもり、一一年近くもヒッピーやフーテンのような私度僧であったわけです。

南　何してるのか、わからないですもんね。

鎌田　ですが、これがとても重要なんです。出家なのか家出なのかわからない状態に

＊一四三頁「ロゴスをめぐって」を参照。

私度僧　律令国家時代に国の許可を得ずに剃髪・出家した僧・尼のこと。八世紀以降に増えた。官の許可を得て得度した僧は「官度僧」、無許可の僧は「私度僧」と呼ばれた。

一一年も身を置き、二四歳の時に最初に書いたのが『三教指帰』です。『三教指帰』は確かに物語として結論も作っているのですが、これは詩なんです。詩として書いて、そして誰が読んでも理解できないものを持っています。

そこで蛭牙公子という不良少年が登場し、それぞれの三教の教えを、願っていく。亀毛先生という儒学の先生、虚亡隠士いう道教の同志、そして最後に仮名乞児です。仮名乞児は汚い乞食僧で、どうしようもない者なんですが、ただ一つ、声が長所でした。その声で彼が語ると、金の錫杖と玉の声、つまり本当に黄金に輝くような声になった。

しかし大事なのは声として認識していたということです。声と意味とはイコールではありません。思想の理解というのは大体において意味の方に行くのですが、しかし大事なのは、意味ではなく身体というか「響き」の方です。

空海が言っているのは、その声の部分が一番の重要だということで、つまり波動です。しかしその波動を定着させ意味づけしてしまうと、もう完全に固着した真言というものになってしまう。しかし、それを生み出す波がある。その波の中に入っていくことができなければいけないんです。道元が言っているのも基本的にはその波の中に入れということではないかと思います。

南　近いと思います。声と意味の違いがまさに有時の巻の言語論に出てきます。追い

三教指帰　儒教、道教、仏教の三つの教えのうち仏教が最も優れていると説いた、平安時代前期に空海が記した漢文の仏教書。

つく追いつかない、みたいな。『三教指帰』を最初読んだ時に、ふと、空海は現代人として生まれていたら坊さんになっていたのかな、と思いました。

鎌田 なっていないでしょ？

南 やっぱり！　私もそう思います。

鎌田 歌手かタレントか何かですよ。

南 大マルチタレント、マルチプロデューサーみたいな人ですよね。一方、道元は今でも出家すると思います。

鎌田 そうでしょうね。それしか道がない。

南 法然、親鸞、道元あたりは出家するだろうと思いますが、空海は、当時自分のやりたいことをやるには仏教という枠組みしかなかったのだろうと思います。

絶対化という危険

鎌田 私は『神界のフィールドワーク』の中でも空海をマルチプロデューサーと書きました。しかし密教の理屈や世界観に、私はある段階から疑いを持ち、それまで宗教の中の一つの極をいくものとして評価していたシャーマニズムや密教のネガティブな部分、あるいは負の部分について言うようになりました。

それはつまり、実在を固着して人間を閉じ込めてしまうところがあるということです。固着して閉じ込めた途端に、抑圧の体系が生まれ、その人の自由さを奪ってしまう。

南　そのとおりです。

鎌田　本来のものに立ち返るためには、抜け出さなければいけない。私の場合、抜ける道は「スッタニパータ」でしたが、「スッタニパータ」は、さすがに原点を、ちゃんと抜け道を示しています。ある場所にこだわっちゃいけない、と。

南　禅では「禅魔」とか「禅病」と言います。要するに、坐禅するといい気持ちになるのですが、それに執着してはいけない、そこに執着してどっぷりはまりこんで止まってしまうようなことを禅病などと言います。私からすれば禅病というのは、ある状況、ある心身状況を絶対化する考え方です。これこそ悟りだというような。

道元禅師が繰り返し見性（けんしょう）を否定したり、悟上得悟とか仏向上事（ぶっこうじょうじ）つまり仏の上をいかなければいけないというようなことを言うのは、あるものを絶対化したり思考を停止することを、仏教の本質的な批判の対象としたのだろうと思います。

ですから空海が現代ならお坊さんにならなかっただろうと思うのは、彼の言語に対する異様な感性から考えると、とても一つの形而上学的な体系を丸ごと信じて安心するようなタイプとは思えないからです。

鎌田　それこそ方便だと思うんです。あの時代、平城京から長岡京、それから平安京

悟上得悟　悟った者がさらに悟りを得ること。『正法眼蔵』「現成公案」にある言葉。

仏向上事　道元が著した『正法眼蔵』の巻の一つ。修行の末に悟ったとしても、なおそれに安住せず精進すべしとする、禅の教えの言葉。

になっていく激動のあの時代をやはり考えないといけない。私度僧なども禁止されてきて山林修行もできなくなってきて、弓削道鏡（ゆげのどうきょう）らが宮廷で力を持って、皇統に関しても非常におかしい状態が続いてきた。そこで仏教界も刷新するために新たな世界を切り開かなければという要請の中で、それまでと違うシステムを、新たな仏教の必要性をやっぱり必要としていた。そこへ最澄が登場した。最澄は法華、天台で基本的な枠は作ったけれども、同時に彼も密教が必要だという認識を持っていて、その密教を丸ごとずっぷりと導入したのが空海だった。空海は密教を曼荼羅も含めて本当に方法論としてかなりクリアに提示したと思います。

南　そう思いますね。

鎌田　しかし、その後の人たちはそれにとらわれてしまうでしょ？

南　密教を思想化したのは、ほかの誰でもなく彼ですからね。中国密教もインド仏教も経典を残したり儀礼は伝承していますが、大日経と金剛頂経から思想的エッセンスを抽象して体系化し理論化したのは、まさに空海以外の誰でもないですからね。密教の理論的な核心を作り出したのは空海です。そしてそれが時代の要請であったということは間違いない。

鎌田　世界の中で一番、その点では明確ですね、チベットよりもね。

南　先ほどの、その体系さえも自分の中では相対化していたというのは、それが彼の

弓削道鏡　?－七七二。奈良時代末期の僧侶。孝謙上皇（女帝）の病気直しで多大な信頼を得て宮中に入り、法王にまで上りつめ権勢をふるったが、自らが皇位につく画策に失敗し下野（栃木県）へ左遷された。

皇統　天皇の血統、皇位継承の原理となるつながりのこと。

歌や詩文といったものからであって、意識的かどうかはわかりませんが、自分の理論でさえ、ある種の限界があるということを多分わきまえていたのでしょうね。

鎌田　非常にわきまえていたと思います。宮廷に取り入っていくためにも、曼荼羅も必要だし真言も必要だけれども、それにとらわれてしまうと何かマイナス面を生み出すということも感じていたと思います。

南　知っていたでしょうね。

空海と道元　言葉へのまなざし

鎌田　空海の方法の一つに書がありますね。飛白体や雑体・破体で書いた「益田池碑銘」など、龍が渦巻いているようなダイナミックな象形文字のような書をいくつも書いています。これはやはり収まらない世界の流動性を彼自信がびんびんと感じていないとできません。今までの体系だけではそんなことをする必要はなく収まっていきますが、しかし、収まらないものをかたちにしている。空海は一番のパイオニアですから、パイオニアが持っている明確な方法意識と、それでは表現しきれない部分を持っていたと言えます。でも後の人は金科玉条にしていくので空海を乗り越えられる人は一人も出なかった。

南　いないです。高野山の思想の系統で空海の上に出た人は誰もいませんね。字の話

飛白体　後漢の蔡邕（さいよう）が創始したといわれる漢字書体の一つ。扁額などに用いられる。刷毛で掃いたような勢いとかすれた感じとを持つ。

で、思いついたことがあります。道元禅師は手紙をほとんど書いてないんですよね。ですから、真筆といわれるものを確定することが難しいんです。真筆といわれて国宝になっているのが『普勧坐禅儀』なんですが、それは日本刀がぎらついているような楷書で、彫刻刀で彫ったかのような日本刀で刻んだかのような、すごい字です。生命のダイナミズムみたいなものとは根本的に違います。澄み切った非情さがある。

道元という人は、成仏ということは「あり得ない」という考え方の人だと思います。現実的な成仏とは仏になろうとして努力している姿だ、と解釈するんです。仏というのは、仏になろうとする姿のことでしか現実化しないということです。つまり、成仏という最終結論を無限遠に後退させていき、一定の立場や理念に固着することを避けるわけです。ゴールはないが、ゴールに行こうとしている姿がゴールだ、いつまでも歩いていろ、というようなことを言うわけです。広い視点と活動でものを言うタイプの空海とは全然違います。

道元は、この道は行くべきだがゴールはしないということを言って実存を開く。そう考えると、日本の仏教思想上、空海と道元は一番はっきりした対照例だと思いますね。字もそうですから。たくさん真筆といわれるものが残っている空海と、ごくわずかしかない道元と。しかもその字体がまるで違う。

鎌田　たし算とひき算という言葉は平俗すぎますが、空海の場合は加算式で、がんが

普勧坐禅儀　道元の帰朝後、最初の著作。仏の境地に達するための座禅の教えと方法を広く人々に説いた。

ん上塗りしていった極に生まれてくるお化けのようなもの。一方、道元に感じるのは、どこまで削いで骨だけにできるのか、ということです。ここまで削いでいったら人体は崩れてしまう、人体でなくなってしまうというような骨だけになったところで成り立っている極みというものがあり、その骨の際のようなものにびしっと目を向けている。それがしかし、「詩」なんですよね。

詩にも美文調と全く反対な詩とありますが、そういう極です。例えば柿本人麻呂が美文調の詩だとすれば、山上憶良が子は宝であるとか、貧窮問答のような詩である。それらを一つの対極だとすれば、どちらも過剰なところまで徹底している。そして、それはかなり承知して方法論を持っている。

南　方法的に意識していますから、その意味で対極であり、その辺りが一致しているような気がします。自覚的というか、ある種の思想家のタイプ、つまり言語に対して非常に意識的なタイプは、言語化しきれないという部分を十分自覚したうえで言語に挑戦するというのがありますね。

鎌田　現実に対する齟齬があったはずです。なぜ空海は大学に入ったのに、周りの期待を裏切ってまでドロップアウトしたのか。そういうことができるのは、現実が持っているうそくささを、あまりにも強烈に感じていたからだと思います。その現実のうそくささを全て忘れさせてしまうものが完全に密教の中にあったかと言ったら、私は

柿本人麻呂　六六〇頃－七二〇頃。『万葉集』の代表的歌人で、持統天皇、文武天皇に仕えた宮廷歌人。

山上憶良　六六〇－七三三。奈良時代の貴族、歌人。万葉集を代表する歌人のひとりで、家族愛、子どもを思う歌を詠んだ。

そうは思いませんね。密教は一つの方法だけれども、彼の中で絶対の金科玉条ではなかったと思います。確かに中国に渡って恵果阿闍梨からもらった灌頂があったけれど、それはその時代の中で明確に一つの方便として意識しながらやっていったのではないかと。

南 だとすれば近いですね。恐らく道元禅師も中国に行く時に、何もわからないで行ったのではないと思います。ほぼ見当がついていて、これじゃダメだと思ったと同時に、大体こうだろうと見当をつけてから行ったと思います。

鎌田 その辺りが非常に面白い。留学体験をそれぞれ四文字ぐらいで言っていますよね。空海の、虚しく往って満ちて帰ってくる「虚往実帰」という言い方と、道元の、空になって帰ってきたみたいな言い方と。対極ですね。

南 道元は「空手還郷」と言っていますね。対極ですが、似ているんですよ。

鎌田 その極の中にあったものが現実に対する一つの違和感と、その現実にどう向き合うかということのスタンスをつかんできた。

南 もしかすると空海上人もお宝担いで帰ってきたというよりも、これから使える道具箱を持って帰ってきたような感じではないかと思います。そして道元禅師の方は、ただ単に自分が考えていることは正しいかどうかを確かめるようにして行ったのではないかと思います。なぜなら例えば、台所係の人とか、そんな人たちばかりに感銘を受けていて、並みいる住職クラスの有名な人は無視して帰ってきていますから。

道元の師であった天童如浄という人も、何かものすごくオーソドックスな天台系の教学を土台にした人で、坐禅に打ち込んではいたけれども、見性系の形而上学を持っている人ではないんですよ。するとやはりひたすら坐禅する、修行するという姿に非常に深い感銘を受けています。その彼にこそ、実践によって仏教が支えられている、あるいは行為と実存というのか、ある行為の仕方によって人か仏か決まる、関係によって存在が決まるという、縁起の思想のモデルケースを道元禅師は見ていたのでしょう。つまり、やはり仏とは仏のように生きる人だ、というような了解を持って帰ってきたのではないかと思います。

そうすると二人とも、何か「これさえあれば絶対大丈夫だよ」というものの言い方を最初から採らない人だろうと思うのです。

それにしても、空海の理論的な著作は大きいですから体系につい目がいきますが、それはそれとして、空海個人にとっては、それを相対化する視線があるということは、気をつけないと見落としますね。お話を伺って「そうか」と思いました。

鎌田　それから時代ですね。空海の時代はビルトする、つまり作っていく時代ですから、体系を示さないといけない。壊れてきているから体系によって安心する。

南　そのとおりですね。需要があるから供給もあるみたいな感じがありますね。

天童如浄　一一六三－一二二八。道元が師事した、中国・宋時代の天童山景徳寺（現・浙江省）の禅僧。

鎌田　しかし、この体系がもうよりどころにならない。密教なんて何の支えにもならずに、みんなが殺されるし、戦い死んでいく鎌倉期に、本当にリアルなものは何かという死生観を見つめる時に、もう過去の伝統では立ち行かない。空海の曼荼羅とか、四度加行（しどけぎょう）とか加持祈祷とかではもう全くリアルさを失っている。じゃあ、念仏や題目しかないとか、あるいはもう只管打坐とか、それも非常に明確な方法・意識を持ったものしか、この時代の中でリアルなものになっていないと思うんですね。だから本当に時代がそうさせているという。

南　そういう時代というのは、今もそうですからね。

四度加行　日本において密教の僧となるための重要な四つの修行。十八道、金剛界、胎蔵界、護摩の四法のこと。

第6章

生命（いのち）のかたち

南　二〇一一年に東日本大震災があり、大量の死者が出ました。また、現在は新たに生まれてくる人は少ないのに多くの人が亡くなっていくという大量死の時代です。

先に死のリアリティーの方が高い、という話をしましたが、ある種現象的な問題でもあると思います。さらに今は、科学技術と市場原理が生と死の問題に浸透してきている状況です。鎌倉期やブッダの時代のような危機の時代、つまりそれまで通用していた秩序や生と死の物語などの安定性が失われつつある時代、それが現代です。だからこそ、社会と人間のありようをもう一度考え、生と死を納得する次の物語が必要とされる時期にあるのだと思います。

昨今、正と負の両面を併せてですが、宗教について関心が高まってきています。その背景にはやはり、不安定な社会状況とそれに伴う心理的不安があると思います。鎌田先生は神道を、私は仏教ないし禅を実践してきましたが、これまでの語り口や方法がこのまま通用するとはとても思えませんよね。語りにしても実践にしても、従来のやり方で、現在の問題に片が付くとはとても思えない。今、そしてこれからの時代に、生と死の問題を捉えるために、一体、何が大切だと思いますか。

鎌田　私が大切だと思うのは、やはり歴史認識と詩や物語だと思います。なぜかというと、死を前にしたときに、人間はやはり生死全体についての問いを突きつけられるわけです。「生まれてきて死んでいく」という人間の現実を突きつけられる。その時に、人生なり世界なりを誰しもが振り返るわけです。自分がどういう世界に生きてきたのか、どういう生き方をしてきたのか、自分の人生にとって何が満足のできるものだったか。しかし、多くの人は悔いを残すわけです。このマイナス面はいろいろありますが、どうやってその悔いに折り合いをつけながら死に向き合うことができるか。不完全なのが人間、道半ばなのが人生なんです。

その時にどうするかと言えば、自分の人生をひとつの物語にすることが大切なんです。そして、物語にするには自分の人生舞台を飾らなくちゃならないんですよ。仏教ではお葬式で祭壇を飾ることを「荘厳(しょうごん)」と言いますが、それと同じように自分の人生を荘厳し、供養しないといけないんですよ。生前供養、生前葬式みたいなことです。その時に、人生の歴史をきちんと見ておかないといけない、ということなんですよ。

南　人生の歴史を。

鎌田　ですから、慈円についてかなりお話ししたのは[*]その辺りのことがあってのことです。「なぜこんな時代になったのか」ということを、彼は突き詰めて考えた。道理というものが失われていく、また変わっていく、その変化の中に翻弄される人びとの営みがある。そこに一体どういう意味があるのか。この問いには、彼の歴史観が含ま

＊九八－一〇五頁参照。

れています。

南　慈円の歴史観ですね。

鎌田　彼は歴史観を、初めてきちんとした形で出した。自分と自分をとりまく世界を捉えるためには、歴史観を持たないといけないということ。ビッグバン以前からのような宇宙的なものの中における歴史が一体何なのかということが、まず問われなければいけない。ですから、存在論と歴史認識というのは結びついていくものだと思います。

それが死生観にもつながります。自分の歴史認識みたいなものの折り合いを、どこかできちんとつけないといけない。そしてその歴史認識は、物語られなければならない。それが「供養する」という意味です。

慈円は、『平家物語』を作る人たち、特に琵琶法師の生仏（しょうぶつ）という人を支援していきます。また『徒然草』の中で『平家物語』の原作者だとされている海野幸長（うんのゆきなが）という人も慈円は支援していく。つまり、その時代が抱えている痛み、ある種のスピリチュアルペインのようなものを表現したり表出したりするような物語を大切にし、その痛みの物語にきちんと向き合っていく。それは、自分自身の人生においてもそうだし、時代の中にある問題を物語にしていくというのも同様です。そういう意味で、「芸能」が非常に重要だと思っています。

南　芸能ね。

鎌田　芸術や芸能、両方が必要です。

「むすび」と「無常」

南　そこで一つ伺いますが、神道は、新たな今後の物語を生み出すことに、材料や方法も含めて有効であり続けるのか、あるいは有効なものに仕立て直すというか、変わっていけるのでしょうか。

鎌田　仏教も神道も、ともに可能性を持っていると私は思っています。これまでも出てきたように、仏教は人間の実存に向き合う視点転換を最もクリアに持っていますね。

一方、神道は、世界中の先住民の文化と同様に、自然を畏怖する心、存在に対する畏怖、「畏れかしこむ」という感覚を純粋に保っている営みの一つです。それはまた、謙虚な心と態度にもつながっていきます。

現在われわれが本当に必要としているものの一つに「謙虚」というものがあると思います。謙虚とは、人間の小ささを知るということなんですよ。でも、人間の小ささを知るためには、命の全体像の中にわれわれの命があるというマッピングがきちんとされていなければならない。神道はそうしたことが核となって伝わってきたものだと思います。それはまた、生命認識です。この生命認識という点で、神道はまだ可能性を持っていると私は考えています。

南　私なりに理解すると、神道が語る自然には、根本的な「わからなさ」がどこかにあるわけですね。

鎌田　もちろんです。それが根底にあります。それを神道では「むすび」と言います。それを仏教的に「無常」と言ってもいい。ポジティブに言えば、「産霊（むすび）」。ネガティブにというか、メタ認識的に言えば、「諸行無常」。どちらも、生成変化を意味している。

南　そうでしょう。仏教の経典を見ながら私が思ったのは、「死」と「他者」と「自然」には、根本的な「わからなさ」があるということです。ところが、「環境」という言葉はどうやら自然とは違う。

鎌田　自然は、コントロールできるものじゃないですよ。

南　環境というのは、人間が仕立てた何かなんです。「かしこむ」っていい言葉だと思いますが、「かしこむ」には、何かわからないという、こちら側の自覚がないとダメでしょう。

鎌田　そうです。

南　だから、死と自然のわからなさに対してどのように自己を位置づけるのかという、ある種の縁起の思想と通底する何かを神道には感じます。

鎌田　私は最近、「無常」と「むすび」は、どうも違うことを言っているようには思えないんですよね。

南　「むすび」というのは、いわゆる魂みたいな意味で言うのでしょうか。

鎌田　「むすび」は、最も古くは『古事記』の中に出てきます。「むすひ」ですね。「天地初めて発けし時、高天原に成れる神の名は、天之御中主神。次に高御産巣日神。次に神産巣日神。此の三柱の神は、並独神と成りまして、身を隠したまひき。」

南　『古事記』の冒頭の部分ですよね。

鎌田　そうです。この冒頭の部分に「むすひのかみ」は二回続けて出てきます。「身を隠したまひき」ということも含めてですが、「ひとり神に成りまして、身を隠したまひき」の部分、ここは繰り返し考えるところです。

　この「むすひ」とは、自然が持っている生成の力を指しています。西洋の哲学者のヤコブ・ベーメやスピノザなどが、「生成する自然」と「作られた自然」というような分け方をしますが、「生成する自然」の持っている一番の根源にある働きが「むすひ」です。これは、何かを結ぶという意味ではなく、生成するという意味です。

南　なるほど。マルクスは「人間の本質は社会的諸関係の総体だ」と「フォイエルバッハにかんするテーゼ」（一八四五）の中で言っていますが、あらゆることが縁起として起こるならば、われわれの存在は縁の結節点みたいなものでしょう。「むすひ」の理解も、関係性からものごとが生起するというような意味に近いですよね。

スピノザ　一六三二－一六七七。オランダの哲学者。主著『エチカ』では幾何学にもとづいて世界の原理としての神を解明しようとした。スピノザの汎神論は、当時のキリスト教から危険視された。

鎌田　そうです。だからそれを無常と同じだというように考えることもできるのではないかと。

南　非常にわかります。

鎌田　わけのわからない何かの働きの中にかたちが生まれてくる。隠れているものから、顕在化してくる。それが「むすひ」です。顕在化したところでは、はっきりと現実化していくものがあるわけですね。

南　それは仮象ですよね。

鎌田　背後にあるものは、よくわからない。そのよくわからないものに対しては、畏怖、畏敬の念を持つ。畏れかしこむ。こういう力があるから結ばれる。

でも、「むすひ」というときにはポジティブなかたちのところに着眼点が置かれていますが、「無常」という場合には壊れているところに着眼点が置かれています。そこには、同じことを裏から見るか表から見るかという違いがあるだけではないかと思います。

南　そうすると、「むすひ」というのは非常に縁起に近いですよね。

鎌田　私の考えではそうです。その縁起する力をダイナミックにポジティブに理解したのが「むすひ」です。そして、そのとらわれから抜けていくための一つの機縁として構造的に理解したのが仏教だと思います。神道はそれを力動的に、はたらき的に捉えた。

その全貌を明確に説いているのが『平家物語』です。「祇園精舎の鐘の声、諸行無常の響きあり」とあるじゃないですか。平家は確かに滅亡して壊れていく。一つの政権、一つの栄光、荘厳な文明のようなものが壊れていくわけです。でも一方で平氏は、ものすごく荘厳なものを生み出す力、新しい世界を築いていく力を持っている。その世界を構築していく力を見れば、それは一つの生成の発展の結びのように見えてくる。でもそれは同時に、崩壊でもある。だから、その生死は本当に皮一枚、表裏一体なんですよね。

南　自然というのも、もともと自然と言い、むしろ仏教語に近いです。そうすると、神道の言葉でこの自然に近いのは何になるんでしょうか。

鎌田　いま話してきた「むすひ」ですね。つまり自然は、生成ということに近いでしょうね。だから、それには「むすひ」という言葉しか該当しないように思います。

南　普通の日本人が特定の信仰によらず、よく「自然に帰る」という言い方をしまね。これは日本人だったら、かなりリアルな感覚がまだあると思うんですよ。

鎌田　ありますね。

南　そうすると今後、神道が新たな物語を作るときに、その物語の骨格になるのも、死、あるいは生と死が自然から結ばれてくるということ、または死とは自然に戻って帰っていくこと、といったことになるのでしょうか。

鎌田　一番核心となることは、そうですね。また、「自然とは何か」という、いわば自然哲学がやってきたことの現代的な語り直しが必要です。

南　自然についての語り直しですね。

鎌田　自然は環境とイコールではない。では、その自然とは何なのか。それを明らかにする自然の存在論が必要なんですよ。

南　それがまだないですよね。

鎌田　明確には、まだないですね。

南　ですから、環境と自然は違うという話から「結び」ということが出てきましたが、これらを改めて定義しないと、次の語り口としてはなかなかリアルになっていかないのではないでしょうか。

死の受容にみるもの

南　事情は仏教も同じです。まだ八〇歳、九〇歳の人たちには、死んだら極楽に行くという話の通じる人はまだいっぱいいます。私が住職を務める寺のある福井県は浄土真宗の土地柄ですから、「南無阿弥陀仏、南無阿弥陀仏」と拝んでいる人もいっぱいいるわけです。「和尚さん、本当に楽にあの世に行ける方法はないですかね」と訊いてくる人がいたり、「早くお迎えが来ないかな」とおしゃべりしながらも病院にはちゃんと通っている八〇歳ぐらいの女性もいたりします。そうかと思えば、「ああ、死にたくないな、死にたくないな」と言うわけです。どうして死にたくないのか訊くと、「あんな暗くてじめじめしたお墓の中にじっとしているのは嫌だ」と。死んだあと、お墓でじっとしているんだと思っている人がいるんですよ。死ぬとどこかに行くんだけれど、暗い穴は嫌だと思っている。非常に素朴なあの世観、死んだあとの世界のイメージを抱いている人たちがいっぱいいます。

そして、こういう物語で納得できる人もまだいっぱいいると思うと、「和尚さん、私は死んだあとにいいとこ行けるかねえ」と尋ねられれば、「はい、大丈夫ですよ」と答えますよ、それは。九〇歳のおばあちゃんに「実は、仏教では無記と言いまして……」などと言う必要はないですからね。その時はただ「大丈夫だよ」「一生懸命やってきたんですね」と言って流しちゃうわけです。それでも、納得してすっと生きていける人はいいと思うんですよ。別に邪魔をする必要はない。

ところが、そうした物語に素直に乗れない人がいるわけです。そんな人たちが、特に四〇－五〇代ぐらいで病気になったり災難に見舞われたりすると、「残された命を一生懸命生きる」という話になってしまうんです。例えば、常人としては考えられないような獅子奮迅の働きをして死んでいくとか、残された日々を精いっぱい生きる、みたいな。はっきり言うと、これは、死に目をつぶって体当たりして突破しようという話です。自分のやったことを残すというかたちで、アイデンティティーの軸を生きているこちら側の営みにだけ移し、死を乗り越えようとするわけです。つまり、自意識は消滅してもやったことが残る。これをなんとかアイデンティファイして残そうとする。これで死を突破しよう、死を物語化しようとする。でもこれは、かなり無理な追い詰められた感じで、ちょっと大変だなという気がします。実際に、四〇歳にならないうちにがんになってしまい、それでも残された最期の時間を必死になって生きるという方を見たことがあります。自分の生の証しを、そうした形で家族に残す。これは普通の人間はやれないですね。きついです。

私が見ていて、いちばん楽に亡くなる人というのは、もう物語らないんですよ。つまり、九〇歳以上生きちゃえば大丈夫ってことです。もうここまでくると、物語る気力なんかないんです。またそうなれば、苦しんでジタバタして死ぬ人も今のところ私は見たことがない。私の知っている檀家さんの話ですが、三世代同居の家族で、いつもの通りに家族と夕食を食べていたおばあちゃんが茶碗を持ったまま止まっているので、横にいたおじいちゃんが「おかわりは」と言うと、返事がない。それで、よく見たらそのまま亡くなっていた、という話がありました。この場合、自分が死ぬことを忘れているし、そんな意識もないから、要するに死がないまま死に突入していってしまったわけです。

鎌田　でも、それを語られると救いになる。

南　そこですよ。だから物語としては「長生きすりゃ、何とかなるよ」という話ですね。要は、理屈をつけないで「ぽっくり逝きたかったら長生きしなきゃダメだよ。おばあちゃんみたいに死にたいね。人はこんなふうにも死ねるんだよね」という話にもっていけるわけです。これは実際にある、リアルな姿なんです。

鎌田　現実のモデルですね。

南　坊さんの中にも、坐禅したまま死んでいたとか、朝のお勤めしながら亡くなったという方がいますよ。それを見て、ほかの人も「そうなりたいね」と思ったりする。そして、やっぱり毎日毎日こつこつやっていかないとね、などと考えてみたり。死は語らないが、ここには死ぬモデルがある。ならば、そうやればいいんじゃないかと。死については、こうしたところで納得するやり方があるわけです。ただ、これは誰にでもできる芸当ではないわけです。

鎌田　その通りですね。

南　誰にでもできる芸当ではないとすると、最後に残るのは、やはり仏教的なやり方ではないかと思うんです。つまり、死ぬのが切ないとか悲しいとかという思いを解除し、死ぬ主体を意識的に解体していき、その結果として死を受容するというやり方が方法論的に残ると思います。涅槃、ニルヴァーナとよく言われますが、あれはよくわからないんですよ。何が起こっているか、決してわからない。でも、あえて修行者の実践上の意味としてニルヴァーナを位置づけるとしたら、それは「死の受容」ではないかと思いますね。

その場合、死の受容というのは自死ではありません。自死は死の欲望であって、受容することではない。そうすると、死を受容するにはどうするかと言ったとき、死に向かって自己のありようをむしろ緩くしていくというやり方、自己を開いていくやり方があると思います。しかし問題は、どうやって開くのかということです。その一つの有効な方法は、坐禅のような心身の実践で、自意識のレベルを大きく落とし、言語で構築されている自己のありようを開いていくことですね。そしてそれを習慣にする。「哲学は死のレッスンだ」と古代ギリシャの哲学者プラトンは言いましたが、一種の練習のように疑似的な死、死の準備体操のようなことをやっていく方法はあると思います。

あるお坊さんががんになり、末期と言われてお見舞いに行ったのですが、彼は「入院してみて、本当に自分の修行なんて大したことないな。もう虚しくなってしょうがなかった」と言うんです。「ああ、これで俺は死ぬのかと思ったら本当に切なくて、本当に情けなくて、ひとりで涙が出てきた」と。ただ、その時に思いついて坐禅をしたところ、すーっとその虚しさが抜けるという。考えてみればその通りで、切ない気持ちを解消するのではなく、切なく思うこと自体を無効にしてしまえば、そこからは抜けるに決まっているわけですよ。だから、こうしたことやるという手はひとつ、あるでしょうね。

ただ問題は、いくら死を受容すると言っても一日中坐禅をしたまま生きているわけにはいかないですから、坐禅の稽古あるいは練習するとは言うものの、それだけでうまくいくとは思えない。すると、先ほどのように体当たりで死に向き合い、若い人が功績を残そうとするようなやり方とは別の方法が必要なわけです。死の受容、つまりわけのわからないものを受容していくということは、ある意味で他者に向かって自分を切り開いていくことでもあり、それらをつなげる実践があるのではと思ったんです。

それはつまり、誰かとの関係の中で、その他者を優先していくということです。別に他者の言う通りになれと言いたいわけではないです。そうではなく、お互いにいろんな問題があったとしたら、それらの問題を共有しながら関係を作っていく。そのときに決して支配、被支配の関係にならないように、利害関係や損得関係、友達になりたいなど、そうしたコントロールの欲求を全部はずし、とにかく共に何かをやろうというだけで関係を作り出していくようなやり方で、常に自分は閉じないように開くことを繰り返していると、それが他者を優先することになると思います。

その他者の優先ということと死の受容ということを練習していくうちに、お腹いっぱいの人がご飯を食べるのに固執しないように、死の受容も「あ、自分はここまでやったんだから、いいか」という感じに落ちないかな、と思うんです。つまり近代型の自由な個人、自己責任と自己決定でやっていかなければいけないという考え方を解体し、神道なり仏教なり別の視点から違う道を探るということです。それによって、近代型の自意識を前提とした個人やそのありようを、他者に向かって、わけのわからないものに向かって開く訓練が、死を受容するのに有効ではないかと思います。

鎌田　その辺りは、非常に難しい。仏教でも難しいし、神道も難しいところだと思います。一人一人が違うために、そんなに簡単な処方箋というものはないでしょう。生まれてくるときは誰しも割と似たような、同じところがありますが、死に関しては本当に一人一人違う。突然死する人もいれば、災害で命を落とす人もいれば、病気で亡くなる人もいる。生き方や人生の経験や死に向き合う状況が本当に一人一人違うので、これはというふうには言えないですね。

南　言えませんね。これだという処方箋を書いて出すのは難しい。

死と史と詩

鎌田　そうした中で私が考える方法といえば、「死」と「史」と「詩」という三つの接続です。三題噺ようですが。つまり、死を前にして歴史というものを自分がどう捉えるかが一つの決め手だと思うんですよ。そして、それを詩のように物語れるかどうか。その詩は、「ありがとう」というひと言でもいいんです。ありがとうというのは、一つの詩になり得ると思います。そして、そういう表現の中にその人の歴史認識があるということが大切だと思います。

それはまさに、その人の人生観・死生観そのものなんです。寺山修司は「私の墓は、私の言葉であれば、十分」と言ったけれども、この「私の墓」というのは、「私の行為」だと思います。表現も一つの行為で、言葉も一つの行為。いろんな行為がある。でも、その行為こそが人を感動させたり、人を悲しませたりする。言葉もその中に入っているわけです。

私としては、他者を優先することができれば一番いいわけですが、その他者を優先するときには、詩とユーモアみたいなものが必要ですね。詩は、絶対に必要だと思います。人生は散文ではない。人生にはやはり、ガーンとくる瞬間、例えば結婚の瞬間とか出会いの瞬間とかが必ずあり、それは人生の機微のようなものです。ボルテージの上がる瞬間です。そういうものをバチっと受け止めてかたちにする。そこで感受したことは、詩になる。そういう人生の機微のようなものが、ヨーガの手印「ムードラー」のようなものとして一つの表現になる場合もあります。そのムードラーならムードラーは、共有してくれる他者がいるから象徴になり得るわけであって、象徴になるのは一緒にわかってくれる人や存在がいるからですね。

南　それです。つまり、ある問題を共有するというのは、いまの話と非常に似ています。ただ、問題点は共有しながらも、鎌田先生の言い方と私の言い方はやはり違う。これは性格の違いでもありますね（笑）。

先ほど、詩、ポエムとおっしゃいましたが、他者を優先するということを私が言い換えるならば、相手のわからなさを許して、そのわからなさを引き込んでこいということなんです。さっきの自然（しぜん）と自然（じねん）の話と同じことですが、ポエムにしても、そこでは音と意味のズレがあります。音は必ずしも意味と一致しない、そんなズレがあるでしょう？　他者との関係もそうで、相手のわからなさをそのまま許さないといけないと思うんです。ところが今は、全部決着をつけないといけないわけですよ。

鎌田　そういうことですね。散文というのは決着をつけることです。それが論理ということになって……。論理が経済になり、損得になったりする。

南　固定した文法で裁くな！　と言いたい。裁ききれないものこそが問題だと思います。そのわからなさを許さないと、人間が生死を丸ごと引き受けるのは絶対に難しいと思います。

最近、何とか力（りょく）、何とか活（かつ）がいっぱいありますね。赤瀬川源平が一九九七年に言い出した「老人力」あたりから始まり、今や女子力とか終活とかね。あれは、なんでも自己責任、自己決定でやらないといけないと聞こえるんですよ。昔は、例えば結婚なんていうものは、どこかからお見合いおばさんが出てきて決めちゃっていたでしょう？

鎌田　縁結びがあってね。

南　ところが、今は「婚活」というわけです。自己決定と自己責任を前提にしているから、ああいう言い方になる。どうもこれらの言葉からは、他者の関与を一切否定するような考え方を感じます。シューカツという言葉が出てきた時、最初は就職活動だった。それからほどなく、人生の終わりに向けての活動、終活が出てきた。

あれを私は、最初、臨終活動の略かと勘違いしましたよ。ある人に、「終活は面白いんだよ。見てきたほうがいいですよ」と言われて終活フェアに行きました。一番びっくりしたのは棺桶体験コーナーです。五万円ぐらいの白木のものから、三〇万、四〇万、それ以上の立派な棺桶もあり、体験ですから、その棺に入ってみるというものです。このコーナーで、中年の男性が棺桶に入っていて、奥さんに「どんな感じ？」などと訊かれて「なかなか居心地がいいぞ」なんて言っているんですよね。居心地が分かったら焼かれる時にはどうするんでしょうね（笑）。

そこでわかったのは、終活というのは死と全く関係がないということです。あれは、

「死ぬという商品のショー」で、生きる人間の話なんです。そうなると、終活とか「何とか力」というのは、結局、自己決定と自己責任と商売という文脈の話なんです。死はまるで関係ないわけです。近代社会において死が表に出てこない、つまり死が抑圧されるのは、商売にも損得にもならないからです。もっと言えば死者と死なんていうのは商売の妨げでしょう。それが前面に出てくると取引も競争も成り立たないんですから。

情報には透明性が必要だと言われるのは、それが商売の世界だからです。何を売っているか、どのくらいの価格なのかなど、全部透明でないと社会が成り立たない。薄暗いところはあってはいけないという話になる。しかし、そんな世界はあまりにも息苦しいです。

鎌田 「わからなさ」というものを引き受けるその引き受け方、その覚悟とは、硬い言葉だけど存在論だと思うんです。結局は世界や自己をどう捉えるかという存在論に帰着して、それが今風に言うと死生観ということになる。仏教はそれを「無常」あるいは「無我」として探究し、人間に突きつけてきたわけじゃないですか。神道においてそれは「むすひ」なんです。

生命の海の中には生も死も両方含まれているので、別に死が恐ろしいとか、死によって全部が終わるというわけではない。「むすひ」というものの一面は、「御阿礼（みあれ）」

と「幽れ」です。御阿礼とは、立ち現れることです。何かが顕在化し物質化して物体となり、さまざまな現象となって、われわれの誰の目にも見え、わかるようになる。幽れというのは、顕われたものが消え、隠れて別のものになることです。その御阿礼と幽れを交互にしているものが「むすひ」。そうした存在論を、もし自分の人生の中で感じることができたならば、死は一つの幽れとして了解できます。この幽れをどこか向こうに移行することだと思うかどうかは別にして、幽れが御阿礼と連絡し合いながら、われわれの世界を形作っていると本当に感じられたときには、あらゆるものの一つ一つに対して「ありがとう」という感謝の心が生まれてくる可能性はあると思うんですよ。

「ありがとう」と「ごめんなさい」

南　その「ありがとうの心」は、死を含めてのものですか。

鎌田　はい。だから、「ありがとう」と言えるかどうかが最期においてはかなり決め手で、突発死に見舞われたとしても、死の瞬間に「ありがとう」と言えるかが、私の中では決め手になります。死んでいく時も「ありがとう」、生まれてくる時も「ありがとう」。そのようにできるかどうか、われわれはいつも問われているのではないかと。

だから、死がいつやってきても「ありがとう」と言えるのかということですね。寺山修司の言葉を言い換えて言えば、「私の墓は私の行為である」。私は、そうとしか思えないんです。一つ一つの行為の中で「ありがとう」と言えるかどうか。だから妻と一緒にご飯を食べるときも、「いただきます」だけでなく「ありがとう」という言葉になるし、比叡山に登っても「ありがとう」になるし、どこに行っても「ありがとう」と言えるか、どんな苦しいことの中でも「ありがとう」があるかどうかということなんですよ。本当に存在するものに「ありがとう」が浸透していくような状態になり得るか、これは日々の実践であり修行なんです。

他者を優先できる、あるいは自己を尊重できるということがもしあるとするならば、私の中ではそれは「畏れかしこむ」という言葉と必ず結びついています。「畏れかしこむ」を別様に表現すれば、「ありがとう」になるんです。畏れる、かしこむという気持ちは、われわれが命としてこの世に御阿礼(みあれ)したり、幽(かく)れたりすることに対して出てくるもので、それは感謝のようなものなんです。こうした感覚はとても素朴なものですけれど、こういうものを無視してはいけないと思います。この世界の最も究極のところ、この世の果てを見たら、誰もが「ありがたい」と思うはずだという確信が、私の中にはあります。

南　なるほど、面白いですね。

鎌田　実はわれわれも世界も宇宙も、こんなふうには存在し難いんですから。この世の果てのようなところに行ったときには、恐ろしさだけじゃないんです。こんなふうに「ある」ということ自体がすごいことで、このすごいことが畏れることになるわけです。また、それが、「かしこむ」ことになるわけです。だから、人の一生も含めて、どんな人生にもすごさがあるので、どんな命にもそのすごさを見ることができる。日本人はそのすごさに神を見たわけですから。「すごい」ということを日々感じられたら、そこはもう神だらけなんですよ。今風に言えば、もう全てが「神ってる」ということですね（笑）。

南　いやぁ、面白い。一つまた思い出したのですが、私はこれまでに何度か、人が死ぬ直前にその本人に会いたいと言われて呼ばれたことありました。そんなときは、とにかく一発勝負、その場限りの勝負に出るしかないんです。死ぬ間際の人には、うそなんか通じませんから。ですから、そばに寄ってから顔を見て、「もうそろそろかもね」とか「もうそろそろだね」と言っちゃうんです。最初はドキドキしたし、勇気も要りましたが、相手はどう見たってそんな様子で、私はそれで呼ばれているんですから。それで「あー、そろそろだね。最後の大仕事だね」なんて言うと、相手は嫌な顔をするかと思ったらそんな顔はしなかった。死ぬ間際の人と対話していると、どうも結果的に似たような話になってしまいますね。いろいろ言っても相手の苦しさは絶対に自分にはわからないということを私は知っていますから。だから、言葉なんてポンポン出てこないわけです。

でも、そのときに不思議といつも言うことになるのは、「わびたいと思うことがあったら、今わびといた方がいい」という言葉です。それで、「もし、わびたい人がこの世にいないんだったら、私に言いなよ」と言ったことがあるんですよ。今までそんなことが三、四回ありました。そんなことをなぜ自分が言うのかと考えてきたのですが、いま鎌田先生に言われてわかりました。私にとっては、ふだん使う言葉で最も自分の宗教性というか、自分の思っている宗教的な感覚に近い言葉は「ごめんなさい」だと思いますね。先生にとってそれは「ありがとう」なんですね。

鎌田　そこは、仏教と神道との大きな違いかと思いますね。

南　決して、わざと言っているわけじゃないんですよ。ただ、死ぬ間際の人と対話するときに、なぜそんなことを言いたくなるのかがわからなかった。でもどうしても言いたくなるんですよね。

鎌田　私たちは以前、「ごめんな祭(さい)」という祭りを行ったことがあるんですよ。

南　え？　面白いことしますね（笑）。

鎌田　一九九〇年代後半に音楽家の岡野弘幹さんたちと「虹の祭」という祭りや「神戸からの祈り」、「おひらき祭」など、いろいろな祭りを市民ネットワークでやってきました。二〇世紀から二一世紀に向かっていく時に、われわれの共有している祭りを一つ、この時代にどのようにして提示することができるかを考え、そこで、最初に行ったのが、地球に「ごめんなさい」をする祭りです。この「ごめんな祭（さい）」が出発点で、その次に、二〇〇〇年にやったのは「お帰りな祭（さい）」。「ごめんな祭（さい）」の次に「お帰りな祭（さい）」でリセットしていく、新しい循環を生み出していくことを考えた。そして、二〇〇一年に「旅立ちな祭（さい）」という祭りを行いました。

　それら一連の祭りの根幹をつなぐものが、「ありがとう」だと私は思うんですね。本当の意味で「有り難い」と。本来は存在し難い、このわれわれの縁（えん）とこの世界。そんな中で結んできたわれわれの縁のかたちが「ごめんなさい」にもなるし、「ありがとう」にもなる。そのことを、神道的精神でもってこの時代の中でどのようにして発現することができるだろうかと考えてきました。神道は、具体的に言えば祭りに集約できる。祭りというのは、先ほど言ってきたむすひの力の発現の上に成り立っています。畏れながらも讃（たた）えるということを表現するのが、祭りなんです。その畏怖と畏敬の中には、先ほど言ったように「人間の小ささの自覚」がある。畏怖が本当に畏怖であるためには、己の小ささが自覚されねばならない。この小ささが何かと言えば、それは「ごめんなさい」という心なんです。自分自身が至らないとか間違っているとかを含め、自分はこの世界の中で、宇宙の中で、人間関係の中で、どんな小さな部分を持っていたか。それをうそ偽りなく自分自身がちゃんと見据えていく。そうすれば、「自分は立派だ」なんて、大きくなんて絶対ならないんですよ。ちゃんと自分を見つめたら、何て自分は小さいんだろうと思う。そして、その小さいながらも生きていることができる「ありがたさ」が、ここで結びついてくるはずなんです。

だから「ごめんなさい」「ありがとう」「お帰りなさい」の三つが、一つの祭りの循環の中でどのようにつながっていくのかということが、二〇世紀から二一世紀にかけての私たちの一つの問いだったんです。特に、二一世紀になってからは、ニューヨークの同時多発テロなどが起こり、世界中がさまざまなかたちで激動の時代、まさに乱世に入っているので、その中で活路を見出したかった。

南　私も「ありがたい」ということについては、時々考えてきました。「ごめん」というのは「免れる」と書くでしょう。ありがたいは、「有り・難い」ですね。それで結局のところ、人間が免れる最後の先は、死ぬことだと思ったんです。

さらにもう一つ。免れるというのは、免れることを許されないとダメなんです。それを誰かに許してもらわないと。でも、その許すという行為はつくづく難しいと思います。許すことにおいての一番の課題は、「誰かを許す自分を許せるか」ということなんですよ。それができないとダメなんです。自分は誰からからひどい目に遭わされた、あるいは誰かと関係がこじれている。その誰かを本当に許すためには、「ひどい目に遭わせたその人を許す自分」を許せないとダメなんです。そうならないと、本当に許したことになりません。すると、「ごめんなさい」と言ったとき、真の意味で何から免れるかと言えば、実は自分自身から免れていかないといけないんです。自分自身からも離脱していかないと。そして最後は、その離脱を死によって受容していく、あるいは自分自身が死の中へと免れていかないといけないのではないかと思います。

鎌田　そうですね。先ほどの話を少し補うと、「ごめんなさい」と言うと、その次の展開として、「いいよ」と受け入れる。「いいよ」と言われたら、その次に「ありがとう」が出てきますよね。

南　全くです（笑）。

鎌田　でも、「いいよ」がないと「ありがとう」にはつながらない。だから「ごめんなさい、ごめんなさい」と、わび続けるしかないんですよ。でも、一回「いいよ」という言葉がそこに挟まると、やはりそのとき初めて「ありがたい、ありがたい、ほんとうにありがとう」という言葉が心底から出てきますよね。

信じることの解体——親鸞の「救い」

南　「ごめんなさい」の話で、もう一点。問題は、免じてくれる人がいないのに「ごめんなさい」と言い続けることは無駄かどうか。

鎌田　免じてくれるものが、阿弥陀如来であったり空であったりするわけでしょう。

南　「いいよ」と言ってくれないのに、つまり、応えないにもかかわらず、「ごめんなさい」と言い続けるという行為はあり得るのかと言ったとき、仏教だとそれはあり得ると言うしかないと思います。

鎌田　それはない、とは言わないですか。

南　言いませんね。「いいよ」というのは、「あるかもしれないね」というぐらいの話です。必ずあると期待することは、実はそれを取引関係にしてしまうことです。「言った以上は許してよ」という取引の関係。「いいよ」と返して言ってくれるのが当然だとは言えないですよね。

鎌田　極端に言うとそれは、免罪符になるわけですね。また、その免罪符を実体化していくと大きな間違いも生み出す。阿弥陀信仰にも甘えが出ると「本願ぼこり」のように、どんな悪人でも助けてくれるんだと居直るというか、甘えを生み出す場合がありますね。

南　そうなっちゃいます。だから、親鸞聖人のすごさもそこにあるわけで、あの人は最終的には突破したのではないかと思いましたね。ある種の断念があったような気がします。

鎌田　あの人は若い時から挫折と断念の連続のような人ですよね。

南　ええ。先にも申しましたが、私は、親鸞は「素直に信じる」ということができなかった人という感じがして仕方がないんです。

信じるという構造は、「信じているから、それに応えてちょうだいね」という一種の取引関係になっています。それが普通の信心です。合格祈願をはじめ多くの祈願は、神と一種の取引をするような感じです。そんなのは話にならないというのが法然上人あたりの信仰で、他力信仰というのはまさに、取引関係の中に信仰を置かないという意味ではよく分かります。そして法然上人の場合は、少なくとも信じること自体を疑っているという感じはしません。

鎌田　信じていますね。

南　あの人も論理的で、大乗仏教と言う以上、みんなが救われないといけないんだということはもう大前提として信じるので、この大前提を受け入れている以上はみんなが救われる方法があるはずだという話です。つまり彼（法然）の信心は、大乗仏教は正しくて、大乗仏教がすべての人を救えるし、その方法があるはずだという論理的な展開になっている。ところが親鸞聖人は、そうではないように思えます。

信じるとは何かと問うた瞬間に、その人を信じていませんからね。そうするともう、際限がなくなる。信じるとは何かと言った瞬間に、もう、信仰から距離ができてしまうわけです。これは非常に屈折した信仰にならざるを得ない。そうすると、「信じていない人間が救われるということはあり得るのか」という問いが出てくるわけです。

鎌田　出てきますね。

南　信じる、信じられるという関係を脱落してしまい、ただ念仏するという行為の中に極楽浄土の阿弥陀さんとそれを信じる主体を全て溶かし込むという方法がありますね。つまり、信じる自分とそれを救済する極楽浄土の阿弥陀様という関係を突破してしまい、ただただ念仏するというやり方が。信じる主体さえ融解させてしまえば、念仏というのは一種の真言状態になりますよね。

鎌田　私は、親鸞にとってそれが法然だったと思います。つまり、親鸞にとって法然があることが保証だったと思うんですね。

南　なるほど。信じるというのはひとつの賭けですからね。

鎌田　法然は論理で信仰を組んでいった。また、信仰と論理をきちんと結びつけ、それを時代に即して説いていく。智慧が第一の法然が言ってくれているんだから、その話はロジカルにも文献的にも全部安心できる。それはただの思いつきなどでは決してなく、法然は明確な論理をたどりながら、そこまで示した。

しかし親鸞の場合は論理ではなく「飛び越え」なんですよ。まさにあの人の中で超越が起こり、その超越は法然をかぶる、つまり法然上人を絶対信じますということなんですね。『歎異抄』で、法然にだまされて地獄に行ってもいいんだと言われていますが、法然をかぶる、信じるということによって、彼の中に賭けと確信が生まれる。何というか、身体的な感覚を伴い、法然を着る、彼と一体化するということが。その部分が、親鸞の革新性だったのではないかと思います。

南　恐らく法然上人をとても頼りにしていたと思います。しかし親鸞は、浄土教学自体を信じていたわけではないように見えるんですよ。つまり、親鸞にとっては自分のありよう、自分の実在のありようというものをどうやって受け入れるかというときに、おそらく教学としての浄土の体系は、最終的に役に立たなかったのではないかと思います。法然型、あるいは法然上人は、私に言わせれば、一神教型のパラダイムをどーんと持ち込んでいる。そしてそれは、極めて論理的にできている。これは信じるに足る体系です。ところが例えば、法然上人の中に悪人正機説の萌芽、原型はあっても、自分を悪人だとは自覚してはいない。自覚するはずがないんです。

鎌田　自覚してないですよね。

南　法然は、戒律をばっちり守っているし、頭はいいし。ところが、親鸞聖人には自分が悪人だという自覚があったに違いない。親鸞は恐らく法然の弟子になってから奥さんをもらっているに違いないですから、もう確信犯ですよ。そうすると彼は腹の底で、「何、女房もらったって救われるさ」と思っていた。つまり、救われるか救われないかということに関して、別に妻帯なんてしてもしなくても構わないと思っていたのではないでしょうか。

そうすると、親鸞における悪人の根本は何かと言えば、信じられないのに念仏しているという点になってきます。浄土の阿弥陀さんや極楽の実在と、念仏になったらそこに行けるという話を、親鸞が一体どう信じたのかということです。例えば、念仏すれば極楽へ行けるよという話ならば、それは信じたことにならない。なぜならば、これは取引だから。では、どうなったらそれを本当に信じたことになるのかと言えば、行為としては信じないままに念仏するということです。ここが親鸞の教えの核心ですね。

鎌田 親鸞のユニークな点として挙げられるのは「三帖和讃（さんじょうわさん）」などの「和讃」です。恐山でも「一つ積んでは母のため」という和讃があるじゃないですか。

南 ありますね。

鎌田 親鸞は念仏を唱えるだけではなく、和讃を唱えることによって、彼らの中に信心を呼び込むというか、そういう表現として和讃があり、また和讃の救いというのもやはりあったのではないかと思いますね。また親鸞は和讃を芸能化したとも言えるかと。

南 空海にとっての詩と、親鸞にとっての和讃というのは、まさに相似形ですね。私はやはり、彼らが何を考えていたかということに強く興味をひかれるので、まずは理

三帖和讃 親鸞作。『浄土和讃』（一一八首）『高僧和讃』（一一九首）『正像末和讃』（一一六首）。ほかにも『皇太子聖徳奉讃』（七五首）がある。

屈の組み立てが気になるわけです。

親鸞の『教行信証』*というタイトルの正式名称には、「信」の文字は出てこないわけですよね。

鎌田　出てきていませんね。

南　『教行証文類』と書いてある。

鎌田　証文なんですよね。

南　はい。仏教で「教行証」というのは当たり前で、教えがあって、それに則った修行があり、その結果として悟るという流れになるわけです。「信」は大前提になっていますから、タイトルには当たり前すぎて出てきませんよ。信じられなければ、教も証もないでしょう。だから仏教のタームとしては「教行証」だけで足りるわけです。ところが、実際に読んでみると、「教行信」と出てくるわけです。そうすると、もう信じているのが前提となってはいないということなんです。「信」が問題だから、ここに出てくるわけですよ。しかも「行」は念仏のことで、その行の根拠として「信」が問題なんだという話なんですよ。

私の感覚では、問いを発した瞬間にはもう信じることはできないですよ。信じることができないままに念仏するということになると、ある意味でこれは、謗法になると思います。謗法というのは五逆罪で、絶対に救われない人なんです。『教行信証』の

＊一二九頁参照。

後半でしきりに引用される涅槃経には、大乗の如来ならば謗法した人間も含めて何とかしてくれるかもしれないと読める部分があるんです。だからそこは、自分の信心の問題に直接絡む問題だったと思います。

それで、もし信じることができないまま人が救われるとしたら、念仏で救われるとしたら、どういう形があり得るか。信じることができないまま念仏しても救われるならば、信じる—救う—救われるといった関係自体を解体してしまったところにしか、救いはないのではないかと思うんです。念仏すれば何とかなるとは思わず、救う—救われるという構造自体にも絶望したときに立ち上がってくるのは何かということなんですよ。

鎌田　それはある種のあきらめですね。

南　こうした観点からは、救われるからやる念仏なんていうのは、それをした瞬間に無意味になってしまうわけです。すると最終的に親鸞の念仏は何になるかというと、ただの音声になるのではないかと思っています。南、無、阿、弥、陀……と。言葉の意味からも乖離した音声を繰り返すことだけに集中する。それによって親鸞は、現実的に救う—救われるの構造を一挙に落とそうと思ったのではないか。つまりこれは、道元の只管打坐と近いんですよ。非常に近い。この二人、親鸞と道元は、超越的な理念を具体的な行為の中に一挙に落とし込もうとしたのではないかと思います。

宗教とポエジー

鎌田　教学的に捉えていったら、今のような南さんの理解、解釈は、一つの極だと思います。もう一つは恐らく、浄土真宗の真宗学の思想が捉えていく、絶対他力信仰のような教科書的な親鸞理解や親鸞像が一つの極としてあると思います。でもそのどちらにも、親鸞の生涯における和讃の持つ意味が……。

南　抜けているでしょう？

鎌田　親鸞が和讃を出したのは『教行信証』の後ですからね。和讃は、あの時代には七五調で聖徳太子和讃、生まれ変わりの話を含めた和讃も多く、本当に今様のような芸能、芸能だったんです。だから、そういった芸能的な部分を含んだあの和讃を、これだけ情熱を持って作り、かつ歌えるということ自体が、親鸞の持っているエネルギーであり、それは単にあきらめであるということだけではないと思うんです。

南　先生は、宗教とポエジー、そして芸能との関係を、どのように整理されていますか。

鎌田　整理はしていません。むしろ、整理しちゃいけないし、そもそもできない。

南　では、そうしたものがあるよ、というだけでしょうか。

鎌田　さきほど、詩というのは、整理ができないものと言いました。ロジックじゃないんです。

南　なるほど。

鎌田　ただ、詩についても解釈は多様ですから、解釈できないことはない。でも、解釈しきってしまえない。詩はそういうものであるから、詩であり続けているわけですよね。

南　では、ロジックとは別に、親鸞、空海あるいは道元という人物それぞれに、論理もあればポエジーもあると言うことができるわけですか。

鎌田　はい。法然にどういうポエジーがあったか、私はよくわからない。しかし、空海と道元と親鸞には、そのポエジーがとても重要だったと思います。

南　例えば私などは、仏教者としては、まず仏教のロジックを見るわけですよ。仏教の中には確かに、儀礼もあれば、祭りもあります。でも講演や講義をする時には、「今回はその部分は棚上げして、問題意識からは外しますから」と言って、話をするんですよ。そうすると、その外してしまったものを今度はどうやって評価するかと言ったときに、私みたいな視点からはなかなかそれが難しいんですよ。でも鎌田先生はこれを、非常にダイナミックにやっておられる。また、「ポエティックなものは論理で割り切れない」とおっしゃるでしょう。そうすると、宗教とポエジーをどのように関係づけられるんでしょうか。今おっしゃる話ですと、そこは言語化してはいけないし、できないということになってくると思うんですよね。

鎌田　言語化はできるんですよ。

南　かりそめにでも？

鎌田　いろんな言い方はできるけれど、それが言い当てているかどうかは別ですね。

南　そうすると、要は、空海にも道元にも親鸞にも実存の重要な契機としてポエジーがあるのだという点が大事だということですか。

鎌田　ポエジーなくして、彼らの宗教はない。つまり、どっちが先かと言ったら……。

南　ポエジーですかね。

鎌田　確かに、宗教は先じゃないかもしれない。ポエジーみたいな何かが、彼らの宗教性をすくい取ったというか、宗教性へと近づけたものかもしれない。死んでいくときには、やっぱり彼らは歌を歌いながら死んでいくというように見えるわけです。特に親鸞さんは。

南　なるほど。

鎌田　そして、歌を歌いながら禅をしていたというふうにも見えるわけです。道元は詩や和歌を書き続けているんですから。「渓の響き　峰に鳴く猿　たえだえに　只この経を　とくとこそ聞け」とか、有名な「春は花　夏ほととぎす　秋は月　冬雪さえて　すずしかりけり」とか、すばらしいじゃないですか。こんな歌がなくて、別に、ただ禅だけでいい、教義的な『正法眼蔵』だけでいい。でも、そこの余りもののように出てくるものは何なのかと言ったら……。

南　何ですか。

鎌田　それこそ余りものなどではなくて画竜点睛の点睛の部分であって、彼らの霊性というのか、何かだった。この何かが、和讃であったり、和歌や漢詩だった。空海の場合には『性霊集』や漢詩、詩のようなものになり、書になりますね。ああいうふうな世界を表現しながら、日々の営みの中で彼らが歌を生きていたということ自体が、今風に言うと、仏教者が時代のスピリチュアルペインのようなものを感受し表現してきたということですよ。

南　仏教は公式な戒律では、歌舞音曲禁止のようなところがありますよね。

鎌田　そうですよね。特にテーラワーダ（上座部）仏教では明らかにそうですね。

南　日本の仏教者の中では、道元禅師はその傾向が最も強いうちの一人でしょう。ところが、只管打坐と言いながら、膨大な著作を残している。仏教では歌舞音曲、芸能的なことはダメ、余計なものだと言いながら、結構たくさんの和歌を残していますからね。まあ、本当に作ったかどうかは別として、『傘松道詠（さんしょうどうえい）』というのが残っています。ですから、先生は余りものとおっしゃいましたが、ひょっとしたらその余りものこそが、彼らの土台にあるのではないかという考え方は、当然あるでしょうね。

テーラワーダ　「長老の教え」を意味するパーリ語。日本では、伝統的仏教、上座仏教の教えを指す。

傘松道詠　道元が詠んだ和歌を集めて編まれた書。江戸時代の曹洞宗きっての学僧、面山瑞方（めんざんずいほう）が編集・刊行した。

鎌田　余りものの方に彼らの生命というか、命がある。「むすひ」がある。
南　おそらく、そうであるだろうと。しかしそれは、言及するのがとても難しいですね。
鎌田　そこに言及するには、ロジックを作らないといけませんね。でも、ロジックを離れて、しかしそれ自体のリアリティーで成り立っているものが詩ですから。論理は含みながらも、それを超えて……。
南　そういうものが、やはりないといけないと思いますね。だから、死を受容するときにそうしたものが有効なんでしょうね。

ロジックを超えていくもの

鎌田　死とユーモアというのは、ちょっと似ています。それは、仏教が関係性の脱構築だとするならば、死もユーモアも関係性の脱構築なんですよ。何かを、はずすんですよ。
南　そうですね。そこで、禅には「呵呵大笑（かかたいしょう）」というのがあるんです。私は、歌舞音曲にはまるっきり興味がないんですが、私が講演をやると「いやあ、面白かったです、よかったですね」と言われるんです。そして、「落研出身ですか」とよく言われます。

もっとすごいのは、「いやあ、とってもいい講演でしたが、仏教の話はなさらなくてもよろしいんですか」なんて言うわけですよ。この私にですよ?

鎌田 仏教原理主義の南さんに。

南 はい。驚いちゃいますよ。

鎌田 南さんは、存在そのものが芸能なんですよ。あのね、ロジックを語っているということ自体が、芸能的です。南さんの全体もそうですが、その語りの中にある芸能性を一般の人たちは感じ取っている。だから、そこで接点が、いろんな接点があるんですよ。

南 そうなんですかねえ。

鎌田 南さんのは、ただの論理じゃないんですよ。論理ももちろん見事ですが、論理を包み込む部分、肉の部分ですね。その身体性が、南さんの言語、声音(せいおん)、そして語りの中にはあるわけですよね。

南 私、落研ではなかったですが、実は子どもの頃から落語が大好きでした。恥ずかしながら、いまだにお笑い番組を見るんですよ。なぜかというと、笑いはある種の脱構築で、「はずす」でしょう? あの感覚が、昔から持っている何となく信用できないものを、「それは、信用できないんだってば」と、直接身体に訴えるところがある。

鎌田 そうそう。信用できないということをお笑いにしてしまうと、その中に浮かび上がってくる、信じられるかもしれないみたいなことが見えてくるんですよ。

南　そうそう、それに非常に近い！

鎌田　ネガとポジの関係は揺らぎを持っているんですよ。しかし、教義、教学はすべて固定するんですよ。その固定しているものをカーッと揺り動かすみたいなことですよね。

南　いやあ、先生が父親に見えてきましたよ。父親に「人が聞いていて一番面白くない話は、自慢話だからな」と言われたことがあるんです。「成功してよかった、うれしかったなんて話は誰も聞きたくないんだ。失敗した、切なかった、怒られたという話。皆、それが聞きたいんだ。これだけは忘れるな」と。また、「苦労話も自慢話のうち」だと言うんです。そして「もし、苦労した、こんなに大変だったと言いたいんだったら、全部笑い話にして言え」と。

その時はただ、なるほどと思っただけで、人に何か聞かせるにはそうすればいいのかと思ったぐらいでした。でも、よく考えてみたら、これはえらい深い話です。自慢話と苦労話というのは人がそこに価値があると思い込んでいる話なんですが、それは、ある条件のもとでしか成り立たない。ほかの人にとっては、その条件を共有していなければ、ただの不愉快な自慢話にしか聞こえないんです。価値は相対的なものですから、その話の条件やそこにある価値が相対的なものなのだと暴露するには笑い話にするのが一番いいんです。すとん、からんと。

鎌田　芸能の世界で言うと、能と狂言の関係みたいな。

南　全くそう。

鎌田　能は能だけで成立してはいけない、能は狂言を内に挟まなければいけない。例えば申楽などは、散楽からきていて、もともとは一種のこっけい芸みたいなものを含んでいたんですよ。そのこっけい芸みたいなものが、翁のような非常に神聖な心理的な芸能になっていきます。「能にして能にあらず」と言われるのは、式三番です。これは何かというと、最初は翁が、とうとうたらり、とうたらり、と出てきて地域の繁栄や豊年を祝う。続いて千歳（せんざい）もそれを言祝ぐ。そしてその次に出てくるのが、三番叟（さんばそう）ですね。三番叟は狂言なんですよ。

南　なるほど。

鎌田　三番叟は、これは一種ブラックなユーモアで場をかき回す役です。能舞台は、こういう構造になっています。能の中で狂言が持っている意味は、芸能の本質と言ってもいい。世阿弥の言葉で言えば、幽玄とか、美的なもので昇華させていって、きちんと諸国一見の僧によって鎮魂・供養されるという正統の物語が一つありますね。そのあとに、場をかき回すいわゆる芸能的なエンターテインメントのようなもので、人びとの中に入り込んでくる、そういう落語みたいなものがくる。落語みたいなものが狂言として入ることによって、能の世界はこの美的なものと笑い、詩と笑いの両方を含むわけです。

南　わかります。私はやはり自分の言っていることがいまいち信用できないというのが笑いに向かって爆発しているような気がします。自分が言っていること、人に向かって言っていることが、実は信用できない。だからわかるんです。親鸞にしても道元にしても、空海にしても、自分がはっきり口に出したことが実は違うのではないかという思いがどこかにあり、それが各々のポエジーへと噴出してくるのではないかと。

鎌田　そうです。だから、その余りものが本物というか、何か、いのちなんですよ。その人の本性なんです。

南　そうかもしれないですね。

鎌田　南さんの場合は、その何かとして出てくるのが笑いやユーモア、つまり過剰な何かになるわけでしょ。

南　そうです、そうです。

鎌田　それは、笑いによって一つの収まりというか、かたちを見るわけでしょ。

南　そう、解消している感じなんです。要するに、不信のままではおかしくなっちゃいますからね。自分の言っていること、解答だと思って自分が出しているものを、実は本当は信じていないようなところがあって……。その余分なものが、講演会では

「あの、いつ仏教の教えを説くんですか」と言わせてしまう語り口になる。ちょっとわかってきましたよ。空海にとっての詩文とか、親鸞にとっての和讃は、自分が作り出した大海からのずれの産物なんだと思いますね。

鎌田　それは非常に身体的なんですよ。だからそれは教義的なロジックを超え出ていく何かなんです。法然にその何かが全然ないかどうかはわからないけれど、少ないですかね。

南　あまり感じないですね。楽な生き方をしている感じはしますもんね。

鎌田　教学的なものの中に収まっているんですね。だから、すっきりしているわけです。でも、親鸞も道元は二人ともすっきりしない。そのすっきりしないものを何によって収めるかといえば、詩や笑いみたいなもの。芸能化していくものなんですよね。

南　私もそう思うんですけど、道元禅師が「見性禅（けんしょうぜん）」を嫌ったのは、あのすっきりした、あまりにも収まりのいい感じが嫌なんだと思うんです。

鎌田　それで免許皆伝を与えるじゃないですか。

南　あれを信用していなかったと思うんですよね。

鎌田　その信用できないという懐疑精神は仏教本来のもの？

南　そうだと思います。

鎌田　「無記」の態度に近い。ずらしていくというか、後ずさりしていく部分をいつ

見性禅　見性とは、自己に本来的に備わっている真理、仏の心を見極めることを意味する。ただし、見性を得るためだけの禅修行は「見性禅」として批判されることもある。

も持っている。

南　そうです。つまり、結論を鵜呑みにしない。断定は一種の誤解に過ぎないと考える。恐らく理解が誤解だということを知っていたと思うんです。私はまさにそういう感じなんです。

鎌田　詩は、世界についての誤解の産物みたいなものなんですよ。そしてそれは、どこまで面白い誤解ができるかというのが、詩作の世界なんです。

詩人のランボーが言っているように、詩とはあらゆる感覚器官の、無秩序な、別種の回路をつなぎ合わせるようなことなんですね。メタノイアというのは感覚の組み替えを意味しますが、詩はまさにこの感覚の組み替えなんです。意味の脱構築はそれと同じことなので、いろんな方法論でそうしたことを試みなければ、われわれは息ができない。息をするために、メタノイアを必要としているわけです。

笑いとユーモア

南　それは恐らく究極的には、死の受容のようなものだと思いますね。

鎌田　そうです。だからまた、死の場面で笑いが起こるかどうかというのは、とても重要。微笑みでもいいんですよ。

私の知り合いで、つい二週間ほど前に亡くなった方がいます。晩年はがんだったのですが非常に面白い生き方をしていました。彼ががんであることは、周りももちろんよくわかっていましたが、一緒に活動をしたり、旅行に行ったりして楽しみました。彼は絵を描く人で、いろんなところに行ってはスケッチをし、そういう世界をつなぎとめていきました。

その彼がどういう死を迎えたかというと、知り合いから聞いた話なんですが、家族、娘さんたちが臨終に近い場面で話をしていたら「ありがとう合戦」になったそうです。「こんなことがあって、あんなことがあって、ありがとう、ありがとう」と、娘たちも奥さんも、あのとき何とかでありがとう、と「ありがとう」をそれぞれが相互に言い合うようになった、と。すると突然、本人が大声で「わははははは！」と豪快に笑い出した。おもろいなこれは、ということで。これはメタなんですが、死んでいく前、こんなふうにして「ありがとう、ありがとう」と言い合っている関係自体がおかしいよと言って、みんなで大笑い。そしてその二日後に、息を引き取ったそうです。死んでいく場面に笑いが生まれるかどうかというのは、その人の生き方の中でとても大きなことです。

南　今のお話で感銘を受けました。なぜ感銘を受けたかと言うと、私は実は師匠から「おまえ、坊さんになったら一文の得にもならないことを何かやんなきゃいけないよ」と言われたんです。師匠は習字を子どもに教えることでそれを実践していました。月謝を取らず、来るだけの人間全員に教えていました。私はどうしようかと考え、たまたま思いついて「話をしたい人は断らない」ということに決めたんです。「時間と場所さえ合わせてくれましたら会いますよ」と言うと、月に二、三人はいるんです。

私のような人間のところに訪ねてくる人は、何か一癖あるわけです。一番困るのは、もうあからさまな自死念慮を持っている人。しかも、これはもはや解決のつかないようなこじれ方をしている人で、何を言ってもこれはダメだという感じなんですよ。これはもう、何か答えを出すとか以前の問題になっちゃうんですよ。するとこちらはもう、途中から方針を変えるわけです。

あるときにやって偶然わかったのですが、煮詰まった時にたまたま、私は永平寺時代に失敗した話をした。それは、私は相手を笑わせようとしたのではなくて、切羽詰まって同じようなことが自分もあったなと思って、それを話したんです。そうしたら、その人が突然、笑ったんですよ。あれっ、と思いました。死にたいなんて言っている人間が、なぜ笑えるのかなと。それで、こういう人も笑えるんだなと思ったんです。そんな人たちでも笑うのだったら、そこに可能性があると思いました。その後は、やばい人と話すときは、とにかくまず笑ってもらおう、と。その人を笑うところにまで持っていけるかどうかが、話すときの一つの基準になりました。

鎌田　それは、非常に重要ですよ。

南　もう一つは、また会う約束、再会する約束を取りつける。すると、次に会うまでの間は死なないわけです。とにかく難しいのは、意図的に笑わそうとすると笑わないんですよ。とにかく笑わせるということじゃないけれど、笑わないかなと思いながら話をする。もし笑わすことができたら、じゃあ今度、また一回会おうと約束する。何とかそこまで持っていきたいというのが、私の最後のやり方なんですよ。

鎌田　とてもいい話だ。

南　それで、最期に笑って死ねるかどうかというのは、課題として確かに大きいですね。それはある意味で、なすべきことをなし終えたという、涅槃経にあるブッダの最期の述懐と同じです。真理の道を歩いてきて、もうなすべきことはやったんだという述懐。「よし、終わりだぞ」と笑って言えるのが、受容と納得の最高の表現なのだと思います。

鎌田　今のお話は、いろいろな意味で深いものを持っている。人を笑わせることができるかどうかという問題は、死と笑いの関係を考える糸口になる。私の中では、この二つは相互補完的なものです。どちらか一方だけでも足りないんですよ。だから、先ほどの繰り返しですが、能があったら狂言が必要だということと同じです。

今の話を聞きながら思い出した一つのエピソードがあります。それは、三年ほど前に九五、六歳で亡くなった精神科医の加藤清先生のことです。加藤先生は、京都大学の助教授をしていたのですが、統合失調症の研究で日本における草分け的な人です。絵画療法、芸術療法をいち早く現場で試みた人でもあります。小さい時に大病をして死にそうな経験もあったとのことですが、京大医学部に入学。しかし同期の学友は戦争に行って戦死し、自分は帰ってきて京大の助教授になった。日本で最初にＬＳＤの実験を統合失調症に取り入れたのも加藤先生ですが、そのことで周りからは突き上げを食らった。その加藤清先生が、統合失調症のどうにも対応できない人と治療的関係をどのように結んだかという話が、今の話につながるところがあります。

どういうことかというと、自傷行為をする統合失調症の患者がいて、その人の自傷行為が始まると、誰も、どんな大男の看護師も食い止めることができない。がんがんと壁に頭ぶつけ、自分がぼろぼろになって傷ついて、どうしようもなくなるまでやり続けていくわけですよ。医者も看護婦もそれをやめさせようとしても、どうにもならない。もう、にっちもさっちもいかなくなった時に、若き加藤医師が何をしたかというと、突然ごみ箱の中に入ってお辞儀をしたそうです。部屋にかなり大きいごみ箱があり、そこに入ってお辞儀をしたというんです。そしたら、がんがんと自傷行為をやっていた人が、しげしげとそれを見たそうです。笑いじゃなく、ただ頭を打ちつけるのをやめて加藤先生の方を見ただけなのですが、その時に加藤先生は治療的関係を結ぶことができると瞬間的に思ったそうです。しかし、この加藤医師がやった行為は

加藤 清　一九二一－二〇一三。京都大学医学部卒。七二年、国立京都病院の精神科設立、医長を務めた。人間を全体としてみるホリスティックな精神医学の第一人者。精神病理・精神療法学会、芸術療法学会などの設立に貢献、精神医学界の指導者やセラピストを数多く育てた。著書に『この世とあの世の風通し』『霊性の時代』（ともに共著・春秋社）ほか。

計算じゃないんですよ。

南　そうなんですよ。その種のことは計算でやってはだめなんですよ。

鎌田　突然やったことが、その行為をメタノイア的に転換することになった。大事なのは、それがどうできるかということですね。

南　そういうことがありますね。

鎌田　それ、禅みたいなものですよ。

南　難しいのは、今おっしゃったように、笑わそうとすると絶対にダメなんですよ。これが難しいんですね、自死したい人というのは。こちらが何も言えなくなって、もう参ったな、やめちゃおうかなと思ったときに突然、笑いだしたりするんですよ。

今の話で思い出したのは、永平寺時代、時々年配で出家してくる人がいまして、その中にうつ病の人もいたんです。

鎌田　いろいろ、いらっしゃる。

南　それで、なぜか知りませんが「困ったときの南さん」と言って、そういう人が私のセクションに来るんです。ちょっと困っているから頼むよと言われて。それはもう、どうしようもないでしょう。私は全員集めて、「こいつ、ウツだから」って言ったんです。そして、「みんなは彼がウツったらほっといて、君はどっかで好きなだけウツってて」と。それから、たき火すると気が晴れると言うので、「ゴミの焼却係ね」と言って役割を担ってもらう。

つまり、うつがうつと認定される枠組みを取っ払っちゃえばいいんですよ。笑いじゃないですけど、うつを規定している条件、「こいつはうつだよ」という枠組みを、別に「それでもいいよ」という話にしてしまうと、そうじゃなくなっちゃうんですよね。姿が見えないから、ほかの人に「あいつどうしたの」と訊くと、「いま、あっちでウツってます」と。周りも、ああ今はそんな状態なのね、と。それでやり過ごしちゃう。そうすると治っちゃうんですよ。その期間だけ、治っちゃうんですよ。

鎌田　それはもう、彼にとっては「ありがとう」と言える時間ですね。救いですね。

南　それからは普通にやっていまして、「たき火のネタだ」と、焼却用のゴミを彼に渡すんですよ。ゴミ袋はたき火のネタ。その人の作業は、ほとんどたき火なんです。大事なのは、症状が改善するとか、うつが治るとかではなくて、うつという認識自体を解体してしまうことなんです。そして、「笑い」はそうした転換に非常に効く。「ウツってる」だなんて、とてもほかでは言えないですよ。何のことですか、となりますからね。決してばかにしているわけじゃないですけれど。

鎌田　それを言語化し、かつ、それにとらわれない何かを持っていないと、そのもの言いや態度はマイナスになってしまうんですよね。南さんが編み出したこの方法は、南さんのときにはうまく機能するけれど……。

南　ほかでは多分、ダメです。私がいないと難しかったでしょう。まさに笑いを仕込むことができないように、ある偶然のタイミングを、そこで捉えることができるかどうかが重要なのだと思います。

　そのとき私は、そのセクションの絶対権力者だったんです。そしてまた、トリックスターのような立場だったと思います。そんな私が言うのであれば仕方がないな、と。要するに、私の言うことは否定できないから、私が「ウツっていいよ、ほっておきなさい」と言ったらほっておくんです。そうすると今度は、それが日常になる。そうなった時こそが問題です。だから、最後の方には、「アイツどうしたの?」と訊くと、「ウツってます、向こうで」となる。こちらは「あ、そうなの、ごくろうさん」と。

鎌田　笑いは風と同じ語源を持つ、ヒューモアですね。ユーモア。何かやっぱりそこにスピリットが働く、動くことなんですね。そこで何かが動いた時に、命が通い合う。

南　それはありますね。

鎌田　そしてそういうタイミングの時に、お互いにすーっと息ができるんですね。またそういう時に、笑いとか緩みができてくる。その緩みのようなものを、詩はもう少し違うかたちで方法化している。

南　そうでしょうね、きっと。道元、空海、親鸞と、それぞれ強い論理を作り出す人間は、どこかで自分の論理に対する感覚的な疑いを持っていると思うのですが、それがポエムになるのだと思いました。いいことを伺いました。

わからなさの受容としての詩と宗教

鎌田　自分の論理に対する感覚的な疑いを持ってないと、命の全体たり得ない。命の全体というのは、論理じゃない。息吹なんですよ。それを「むすひ」とか「無常」と言うことができると思います。そしてその息吹というのは、この面からも見ることできるけれど、こちらの面もあるということを、矛盾も含めて抱えこんでいるわけですね。ロジックというのは一つですから。

南　そのとおりですね。だからまた、息吹ということも全面的に肯定する必要はないと思いますよ。それはロジックあっての問題ですからね。ですからやっぱり、ヒューモア、笑いが、まじめなものがなければ成立しないのと全く一緒で、あくまでも関係の中での賜物というか出来事というか……。だからこそやっぱり、わからないものをわからないものとして見て、それこそ明らかに見て、それを引き受けるメソッドみたいなものを、取り戻さなくちゃいけませんね。

　昔は日常的に病人が家にいて、死者がいて、死者を扱うメソッドが習慣としてあったでしょうから、その中で葬儀や弔いをやっていけばよかったのでしょうね。しかし檀家制度や家制度みたいなものが衰退するのと一緒に、そうしたそれまでのメソッドが急速に無力化しますから、改めて死の引き受け方というものを、今までのやり方を試したり、一緒に考えたりしながら、もう一回作る努力が結果的に必要だと思います。

そのときに必要となってくるのが、ポエティックなもの、ユーモラスなもの、笑いや詩やポエムなどなんですね。これらは宗教的なアプローチと同じレベルで必要なのかもしれませんね。

鎌田　もともと儀式の類いには、そうしたものが全体としては組み込まれていたはずなんです。例えばお祭りのあとに集まって一緒に飲食して歓談する直会（なおらい）は、どんな深刻な状態の中でも笑いを伴う部分があり、そしてその楽しみのひとときには芸能も含まれていた。全部が決められた儀式になってしまうと、その儀式の段取りの中に隙間風が吹いて、そこにニッチが生み出される状況を、どうやって生み出せばいいのか、なかなか難しくなります。

南　ただ、笑いを禁止する思想というのがあるんですよね。笑いの禁止は結局、固定したロジックを守ろうとすることなんですよね、やっぱり。

鎌田　先におっしゃった「呵呵大笑」というのは、どういう感じなんですか。

南　よくわからないのですが、禅問答を見ていると、ある問答をしているうちに爆笑するということのようです。常識とか正常な心理のようなものを裏切るというときに出るのが笑いだと思うんですよ。禅では、「払拳棒喝（ほっけんぼっかつ）」といって暴力的な行為をするときがあります。時々体罰だと誤解されるのですが、問答として残っている以上、それが体罰であるわけがないんですね。つまり、払拳棒喝というのは、常識の論理を破壊するために、あるいは裏切るためにやる極端な行為なんです。それと「呵呵大笑」というのは全く一緒だと思います。ところがそれを禁止するということになると、それは公式見解というか、そのときに語られた一定の語り口をいつまでも守っていよう、あるいはある絶対の真理があるんだとか余計なことを言うな、というのに近い話だろうと。あるいは、そういう話だろうと思うんです。つまり、真理を声高に叫んだり、あるいは掲げたりするような思想や実践は、恐らく笑うことを禁止すると思いますね。

鎌田　笑うことを気にして、歌舞音曲と笑いを抑えた初期仏教というかテーラワーダは、そういう意味では何かまだ足りないものがあるんでしょうか。

南　だって、ブッダ自身がそう言ってないのに、「ブッダの言葉は真理だ」なんて言い切ってしまったらおしまいですよ。

鎌田　テーラワーダのシステムの中には、仏教が持っている一つの型と言ってもいいかもしれませんが、やっぱり何かほぐさない部分もある。

芸能がすべてにおいて有効だとは私も思っていません。そこでむしろ、芸能的なものを排除するものは一体何なのかということを、逆に問いかけるようになりました。『風姿花伝』には申楽の起源が書いてあります。世阿弥は能を申楽と言っていて、申楽は「申す」と書きます。これは神という言葉の偏を取って、旁だけにしたもの。その「申す楽」を始めたのは、神道的な文脈で言えば天宇受売命の舞い、つまり天之岩戸神話です。仏教の文脈では、お釈迦様が表で説法をしているとき、後戸に一万人の外道がやってきて、舎利佛の後ろで、後戸で、六六番の面白い芸能をやったと。この世阿弥が言っている芸能の仏教的起源も、本当の真実でないかもしれない。でも、この話には非常に深いメッセージ性があると思うんですよ。こういうものをわれわれはどう仕掛けていくことができるのか。禅の瞑想や、ヴィパッサナーのようなものだけでは、われわれの身体や命は動かないのではないかという気もしています。

南　鎌田先生と私が良い対照をなしていると感じるのは、「結び」というものを先生はダイナミックなものとして考えますが、私にはそれを、かりそめで、もろいものにしか感じられないような心的傾向があるんですね。だから、結節してしまったものから最後は逃げていく、離脱していく、あるいはそれが失われていくということの方がずっとリアルだと考えます。そしてそうした事態の中でいかにうまくやっていくかを考える。私は常にそうした意識でいるような気がします。だから、ニルヴァーナのようなものに強くひかれるのだろうと思います。これは人それぞれでしょう。また、仏教には仏教の方法論があり、神道には神道の方法論があります。

「結び」の話で両方に共通して言えることは、「わからない」ということに対する態

ヴィパッサナー　「ものごとをありのままに観察する」の意。人々が悟りを得られるよう釈迦が説いた古くからの瞑想の実践方法。現代でも、自己省察の方法として試みられている。

度、あるいはその「わからない」という感覚ですね。それが共通している点だと思います。世の中、まずわからないことこそが決定的な問題で、そしてそれを下手に簡単にわかった話にしてはいけないということ。わからないまま受容する方法の一つが、宗教や芸術なのだと思います。これまで話にでてきた詩という表現の方法や、瞑想や坐禅などの宗教的な実践もそうですね。

生きることは「問うこと」

鎌田　私たちの時代に必要なのは、世阿弥の時代に世阿弥がやってきたことは何であって、今の時代に世阿弥のような人が生きていたら何ができるのかを考え、それを試みていくことなんです。空海、道元、親鸞、そしてお釈迦様らは、それぞれの時代の文脈の中で、ラジカルなことをやり遂げた。そのお釈迦様の伝統を引き継いだ仏教教団が、どれほどそれを矮小化してきて、あるいは神秘化して語ってきたか。本来のお釈迦様がやったことは一体何だったのか、今に置き換えて何が問えるのかということを、存在論として、哲学として取らなければいけないんです。

南　いま先生がおっしゃったように、私はいつも思うんですよ。まずその時代に生きる自分の問いを立てることが先なんです。それでわれわれは、性急にその答えを出そうとするでしょう？　しかもその答えも、どこかからから借りて持ってくる。そうではなく、その時代に生きる自分が何を問題にしているのか、何を問うのか。まずこの問いをちゃんと立てられないと、話にならないんですよ。つまり、答えを出すこと以上に重要なのは問いなんですよ。問うことなんです。

鎌田　今回の対談を上智大学のグリーフケア研究所の私の研究室でも行ったということにも一つの意味と縁を感じています。神道を中心に研究してきた私が、現在、カトリックの上智大学の研究所にいる。ここで異種交配で何かが起こっているんです。

では何が問われているかというと、上智大学のここのセクションでは、大きく三つの取り組みがあります。二〇一六年四月から、現代実践宗教学講座ができ、大学院もできました。課題の一つは、宗教の持っている公共性を問うこと。これは、宗教間の対話と相互の理解とを含め、一宗一派にとらわれないような宗教のありようについて問いかけていくことです。もう一つは、スピリチュアルケアとは一体何なのかを問いかけること。これは、ペイン、痛み、苦しみを持っている人たちにとって痛みや苦しみが何であり、それに対してどう向き合うことができるか、どうかかわることができるかを考えることです。三つ目は、死生学や死生観の探求です。これは先の二つの真ん中に位置します。これら三つの問い・課題をカトリックの大学でありながらカトリックの枠を越えてやり始めているわけです。

そこに宗教学の島薗進[*]先生や私のような人間がやってきて、カトリックの人たちと

＊一九八頁参照。

一緒に研究をしている。一緒にやっているということの持つ、時代における意義や意味は大きいと考えています。日本の中世において、鎌倉仏教の祖師や芸能の創始者たちは一種のスピリチュアルペインとそのケアのあり方を問いかけたわけですが、それに近い状況が現在でも生起していると思います。

南　そうですね。この時代の状況は、ブッダの時代、あるいは鎌倉の祖師の時代と相似していると思いますね。社会の現象もそうですし、実存のありよう、向き合っている状況自体が非常に近い。だから、その時代に出てきた新たな、いや、より「リアルな」語り口が必要です。こういうときは、問いを共有した異なるジャンルの人たちの共同というか、共に働くというか、あるいは、対話というのがとても重要だと思います。

鎌田　はい。私はそれこそが、教団を越えて集まる新しいサンガのようなものじゃないかと思っています。

南　今回の対談も、その一歩になるでしょうし、そうでありたい願っています。

2016年10月28日　恐山境内にて

「語る禅僧」の語り口、そしてカタルシス（語る死す？）

南直哉さんは「語る禅僧」である。彼の処女作『語る禅僧』（朝日新聞社、一九九八年、ちくま文庫、二〇一〇年）そのままに。

南さんの「語り」には、独特のファッショナブルな身体性がある。その眼付、首の動き、上半身の揺れ、表情、ジェスチャー、手に持って時々動かす扇子。そして長身を包む墨染の衣。そのいくつかの要素は、本書の対話の最後の方に出てくるが、確かに、一部、落語家の語りや動きに似ている。

だが、決定的なところで、落語家と異なる。それは、「落語」の核心であり特徴である「落ち（サゲ）」があるかどうか、の違いである。落語家の落ちは、噺家としての「噺」の結末を付けるための笑わせるための締め括りである。そこで最も大事なのは、笑いを取るための言葉であるという点だ。

南さんの語りは、もちろん、禅家としての「呵呵大笑」のような笑いを伴ったり、禅的な錯乱を仕掛ける一種の「狂言綺語」であったりする側面もないわけではないが、そこに一貫しているのは、苛烈な「原理」の探究意志である。おそらく、現代日本の禅界の中で最左翼の原理派であることは間違いない。その妥協を許さぬストイックな原理探究は、ソクラテスやプラトンやニーチェのような、言語批判と認識批判を伴う原理（真相）の徹底追求であり暴露である。

だが、その原理は、固定されると瞬時に嘘を忍ばせてしまう。禅が最も嫌う事態は、あらゆる場面・局面での「固着」である。本来自由なる面目に不自由極まりない固着と制限を与えてしまう言語行為を、禅僧は、公案という方便や、無言や只管という脱臼装置（関節固着外し）によって徹底的におひゃらかし、疑義を突き付け、その固着の虚妄を暴く。

だから、南さんの語りに落ちがあるとすれば、その「落ち」とは、「越智（おち）」の「落ち」である。落語的「サゲ」ではなく、疾風のように突き抜けていく禅的風格を伴う「アゲ（止揚）」である。落語的形而下学ではなく、哲学的形而上学であり、南さんの言う「形而外学」である。

南さんの語り口は、常に、実に、明晰判明。「オッカムの剃刀」のように無駄がなく、思考の省エネ化を図っている。禅空間や禅庭園がそうであるように、余分なもの、余計なもの、装飾華美は徹底削除され、排除される。いつも、最短・最深思考を狙っている、狩猟者の思考である。

その「語る〝越智〟の禅僧」の徹底した言語批判と言語行為に容赦はない。南さんのストレートに伸びきった身長そのもののような、ストイックな行者の「行相」である。そこにおける語りと黙して座る只管打坐との間の距離はない。というよりも、只管打坐と語りとの間を往来する自由の中で、哲学としての禅、行為としての哲学が行じられる。哲学も禅もともに「視点転換」、メタノイアである。

その意味で、南さんの語りは、まさに釈尊がそうであったように、哲学者の語りである。それは、根幹的に、言語批判と存在批判、つまり、認識論と存在論と実践論の三位一体を含んでいる。

最初にわたしは南さんが早稲田大学文学部で美学を学んできた事に非常に興味を持った。そして彼の空間処理に対する関心が、生涯一貫していることを目撃した。その空間処理の探究が、子供の頃からの強烈な異和から、西武百貨店空間から、永平寺空間や恐山空間までを貫いている。南さんは一貫して空間を相手にしてきた。「空」と「間」とを。

それに対して、わたしがずっと関心を持ち続けてきたのは、時間である。ハイデッガーの言う「世界内存在」とは、確かに、一面は「空間内存在」であるのだが、もう一面は、間違いなく「死への存在」としての「時間内存在」である。「語る禅僧」の祖師であり、原型モデルである道元は、『正法眼蔵』の中で、「存在と時間」の問題を「有時」として語っている。

時間とは何か。歴史とは何か。なぜ、このようにしか存在しえないのか。この存在の形を変え得ることはいかにして可能か。

「身心変容技法研究会」（詳しくは同会HPを参照されたい。URLは、http://waza-sophia.la.coocan.jp/）という科研費の研究会を主宰しているのも、本書で問題にした「メタノイア」（懺悔、視点転換、回心）を探究し体現するためである。

落語家の語りと哲学者の語りの振り幅の「空・間」「空・隙」に禅僧南直哉は出没する。神出鬼没の禅語を前後左右に振り翳しつつ。その「語る禅僧」に一席・二席と会いまみえることができた僥倖とその「試練・方便」に心より感謝したい。ありがとう、そして、ごめんなさい、そして、いってらっしゃい。

語りとは　語り得ぬものを　招くワザ
　その「N（えぬ）」の行方を　指せよ直哉

流星は　諸行無常と　翔けりけり
　恐山から　四谷をむすびて

二〇一七年七月一三日　フーテンの東こと鎌田東二拝

知を舞う人

思春期にキリスト教徒になりそこなった私は、昨今神父さんと「異種格闘技」的対談をした。すると今度は、寺の住職として、地域の神社や神主さんと縁のできたところで、神道の専門家との対談依頼である。奇縁勝縁と言うべきだろう。

ところが、現れた専門家は、確かに神職の資格を持つが、「フリーランス神主」を名乗り、「神道ソングライター」を自称する、しかも大学教授である。とんでもない「乱戦」になるかと怯えたが、杞憂であった。鎌田東二先生は、驚くべき該博な知識と、具体的で印象深い体験を両輪とする、圧倒的な語りの力を持つ人物だった。

「圧倒的」とは他人を威圧することではない。わが宗の祖、道元禅師が言う「道得」の人、つまり、その人物以外に発しようのない、リアルでオリジナルな言説の人、その言葉の強度である。

しかも先生の語りは、単線的で余裕に乏しい私の理屈の周りを、軽やかに、しかし正確なステップを踏んで舞うようであり、私はしばしば自分の生硬な言葉を吸い取られていくような気がした。

空海上人や道元禅師に触れて、彼らの論理に詩文の情緒を対置し、その重要性を強調する先生のお話には、実に感銘と示唆を受けたが、それよりもずっと、先生ご自身が自らの論理を常に外に開いておられることに、私は深く共感していた。方法は違っても、私もそれを志していたからだ。

修行僧だった三〇歳の頃、仕えていた老僧に言われたことがある。

「南、お前がどこに行くかは知らんが、急ぐな。先は長いんだ」

いま齢六〇にしてまた、先生の佇まいに老僧の「家風」を見る思いである。

南　直哉　合掌

二〇一七年七月　恐山大祭を終えて

本文脚注は編集部にて作成いたしました。

主な参考文献

井上順孝編『現代宗教事典』弘文堂、二〇〇五年
鎌田東二『神道用語の基礎知識』角川書店、一九九九年
鎌田東二『言霊の思想』青土社、二〇一七年
木田元・栗原彬ほか編『コンサイス20世紀思想事典』三省堂、一九八九年
田上太秀・石井修道編『禅の思想事典』東京書籍、二〇〇八年
竹村牧男『禅の思想を知る事典』東京堂出版、二〇一四年
中村元ほか編『岩波　仏教辞典』岩波書店、一九八九年
日本基督教協議会文書事業部『キリスト教大事典』教文館、一九六三年
廣松渉ほか編『岩波　哲学・思想辞典』岩波書店、一九九八年
古田紹欽ほか編『佛教大事典』小学館、一九八八年
渡邉欣雄ほか編『沖縄民俗辞典』吉川弘文館、二〇〇八年

写真提供：佐藤壮広　八‐九、七八、一三四、三〇八頁

鎌田東二　Toji Kamata

1951年、徳島県生まれ。國學院大學大学院文学研究科博士課程神道学専攻単位取得満期退学。岡山大学大学院医歯学総合研究科博士課程社会環境生命科学専攻単位取得退学。現在、上智大学グリーフケア研究所特任教授。京都大学名誉教授。放送大学客員教授。博士（文学・筑波大学）。宗教哲学・民俗学・日本思想史・比較文明学専攻。石笛・横笛・法螺貝奏者。神道ソングライター。フリーランス神主。著書『神界のフィールドワーク』（青弓社）、『聖地感覚』（角川ソフィア文庫）、『世直しの思想』（春秋社）、『日本人は死んだらどこへ行くのか』（PHP新書）、『世阿弥』『言霊の思想』（青土社）ほか。

南　直哉　Jikisai Minami

1958年、長野県生まれ。早稲田大学第一文学部卒業後、大手百貨店勤務を経て1984年に曹洞宗で出家得度。同年、曹洞宗大本山永平寺に入山。約20年の修行生活ののち2003年に同寺を下山。現在、福井県霊泉寺住職、青森県恐山菩提寺院代。著書に『語る禅僧』（ちくま文庫）、『自分をみつめる禅問答』（角川ソフィア文庫）、『「正法眼蔵」を読む』（講談社選書メチエ）、『なぜこんなに生きにくいのか』（新潮文庫）『恐山　死者のいる場所』（新潮新書）『善の根拠』（講談社現代新書）、『禅と福音』（春秋社）、『「悟り」は開けない』（ベスト新書）ほか。

死と生　恐山 至高対談

2017年9月10日　初版印刷
2017年9月20日　初版発行

著　　者　鎌田東二・南　直哉
発 行 者　大橋信夫
発 行 所　株式会社　東京堂出版
〒101-0051　東京都千代田区神田神保町1－17
電　話　03-3233-3741
振　替　00130-7-270
http://www.tokyodoshuppan.com/
D　T　P　株式会社オノ・エーワン
印刷・製本　中央精版印刷株式会社

ISBN978-4-490-20971-6　C0014